Verfijnde Smaakreis
Authentieke Chinese Keuken onthuld

Mei Ling

Samenvatting

Simpele roergebakken kip 9
Kip in tomatensaus 11
Kip Met Tomaten 12
Gepocheerde kip met tomaten 12
Kip en tomaten met zwarte bonensaus 13
Gekookte Kip Met Groenten 14
Kip met walnoten 15
Kip met noten 16
Kip Met Waterkastanjes 17
Hartige kip met waterkastanjes 18
Kippenknoedels 20
Krokante kippenvleugels 21
Vijfkruidige kippenvleugels 22
Gemarineerde Kippenvleugels 23
Echte kippenvleugels 25
Gekruide kippenvleugels 27
Gegrilde Kippendijen 28
Hoisin kippendijen 29
Gestoofde kip 30
Krokant gebakken kip 31
Hele gebakken kip 33
Vijfkruidenkip 34
Kip met gember en lente-ui 36
Gepocheerde kip 37
Kip Gekookt In Rood 38
Roodgekookte gekruide kip 39
Sesam Geroosterde Kip 40
Kip in sojasaus 41
Gestoomde kip 43
Gestoomde kip met anijs 44
Vreemd smakende kip 45
Krokante stukjes kip 46

Kip met groene bonen	47
Gekookte Kip Met Ananas	48
Kip met paprika en tomaten	49
Sesam kip	50
Gebakken poussins	51
Turkiye met peultjes	52
Kalkoen met paprika	54
Chinese gebraden kalkoen	56
Kalkoen Met Walnoten En Champignons	57
Eend met bamboescheuten	59
Eend met taugé	60
Gestoofde eend	61
Gestoomde eend met selderij	62
Eend met Gember	63
Eend met sperziebonen	65
Gebakken Gestoomde Eend	67
Eend met exotisch fruit	68
Gestoofde eend met Chinese bladeren	70
Dronken eend	72
Vijfkruideneend	73
Gewokte eend met gember	74
Eend met ham en prei	75
Geroosterde Eend Met Honing	76
Natte gebraden eend	77
Gewokte eend met champignons	78
Eend met twee champignons	80
Gestoofde eend met uien	81
Eend in sinaasappelsaus	83
Geroosterde Eend Met Sinaasappel	84
Eend met peren en kastanjes	85
Peking eend	86
Gestoofde eend met ananas	89
Gewokte eend met ananas	90
Ananas en gembereend	91
Eend met ananas en lychee	92
Eend met varkensvlees en kastanjes	94

Eend met aardappelen ... 95
Gekookte Rode Eend ... 97
Geroosterde eend in rijstwijn ... 98
Gestoomde eend met rijstwijn ... 99
Langzaam gekookte eend ... 100
Gewokte eend ... 102
Eend met zoete aardappelen ... 104
Zoetzure eend ... 106
Mandarijn Eend ... 108
Eend met Groenten ... 109
Pittig gestoofd varkensvlees ... 111
Gestoomde varkensbroodjes ... 113
Varkensvlees met kool ... 115
Varkensvlees Met Kool En Tomaten ... 117
Gemarineerd varkensvlees met kool ... 118
Varkensvlees in Selderij ... 120
Varkensvlees Met Kastanjes En Champignons ... 121
Varkenskotelet Suey ... 122
Varkensvlees Chow Mein ... 124
Geroosterde Varkensvlees Chow Mein ... 126
Varkensvlees Met Chutney ... 127
Varkensvlees met komkommer ... 129
Krokante Varkensvleespakketjes ... 130
Varkensloempia's ... 131
Loempia's van varkensvlees en garnalen ... 132
Gestoofd varkensvlees met eieren ... 133
Vurig varken ... 134
Gebakken varkenshaasje ... 136
Vijfkruidenvarkensvlees ... 137
Gestoofd geurig varkensvlees ... 138
Varkensvlees met gehakte knoflook ... 140
Roergebakken varkensvlees met gember ... 141
Varkensvlees met groene bonen ... 142
Varkensvlees met ham en tofu ... 143
Gebakken varkensspiesjes ... 145
Gestoofde varkensschenkel in rode saus ... 146

Gemarineerd Varkensvlees 148
Gemarineerde varkenskarbonades 149
Varkensvlees Met Champignons 150
Gestoomde vleescake 151
Gekookt Varkensvlees Met Champignons 152
Varkensvlees met noedelpannenkoek 153
Varkensvlees en garnalen met noedelpannenkoek 154
Varkensvlees met oestersaus 156
Varkensvlees met pinda's 157
Varkensvlees met paprika 159
Pittig varkensvlees met augurken 160
Varkensvlees met pruimensaus 162
Varkensvlees Met Garnalen 163
Varkensvlees gekookt in rood 164
Varkensvlees in rode saus 165
Varkensvlees met rijstnoedels 167
Rijke varkensgehaktballetjes 169
Geroosterde varkenskarbonades 170
Pittig varkensvlees 171
Gladde plakjes varkensvlees 173
Varkensvlees met spinazie en wortelen 174
Gestoomd varkensvlees 175
Geroerbakt varkensvlees 176
Varkensvlees Met Zoete Aardappelen 177
Zoetzuur varken 179
Gezouten varkensvlees 181
Varkensvlees met Tofu 182
Zacht Gebakken Varkensvlees 183
Tweemaal gekookt varkensvlees 184
Varkensvlees met groenten 185
Varkensvlees met walnoten 187
Varkensvleesknoedels 188
Varkensvlees Met Waterkastanjes 189
Wontons van varkensvlees en garnalen 190
Gestoomde Gehaktballetjes 191
Ribben met zwarte bonensaus 193

Gegrilde ribben *195*
Gegrilde esdoornribben *196*
Gebakken ribben *197*
Ribben met prei *198*
Ribben Met Champignons *200*
Ribben met sinaasappel *201*
Ananas Ribben *203*
Krokante Garnalenribben *205*
Ribben in rijstwijn *206*
Varkensribbetjes met sesamzaadjes *207*
Zoetzure ribben *209*
Gebakken Ribben *211*
Ribben Met Tomaat *212*
Geroosterd varkensvlees op de barbecue *214*
Koud varkensvlees met mosterd *215*

Simpele roergebakken kip

Voor 4 personen

1 kipfilet, in dunne plakjes gesneden
2 plakjes gemberwortel, gehakt
2 lente-uitjes (lente-uitjes), gehakt
15 ml / 1 eetlepel maïsmeel (maïszetmeel)
15 ml / 1 eetlepel rijstwijn of droge sherry
30 ml / 2 eetlepels water
2,5 ml / ½ theelepel zout
45 ml / 3 eetlepels arachideolie
100 g bamboescheuten, in plakjes gesneden
100 g champignons, in plakjes gesneden
100 g sojascheuten
15 ml / 1 eetlepel sojasaus
5 ml / 1 theelepel suiker
120 ml kippenbouillon

Doe de kip in een kom. Meng de gember, lente-uitjes, maïzena, wijn of sherry, water en zout, roer de kip erdoor en laat 1 uur rusten. Verhit de helft van de olie en bak de kip tot hij lichtbruin is en haal hem dan uit de pan. Verhit de overige olie en roerbak de bamboescheuten, champignons en taugé gedurende 4 minuten. Voeg de sojasaus, de suiker en de bouillon toe, breng aan de kook, dek af en laat 5 minuten koken tot de groenten gaar zijn. Doe de kip terug in de pan, meng goed en verwarm zachtjes voor het serveren.

Kip in tomatensaus

Voor 4 personen

30 ml / 2 eetlepels arachideolie

5 ml / 1 theelepel zout

2 teentjes knoflook, geperst

450 g kipblokjes

300 ml kippenbouillon

120 ml / 4 fl oz / ½ kopje tomatenketchup (ketchup)

15 ml / 1 eetlepel maïsmeel (maïszetmeel)

4 lente-uitjes (lente-uitjes), in plakjes gesneden

Verhit de olie met het zout en de knoflook tot de knoflook lichtbruin is. Voeg de kip toe en roerbak tot deze lichtbruin is. Voeg het grootste deel van de bouillon toe, breng aan de kook, dek af en laat ongeveer 15 minuten koken tot de kip gaar is. Meng de resterende bouillon met de ketchup en maïsmeel en roer door de pan. Laat al roerend sudderen tot de saus dikker en lichter wordt. Als de saus te dun is, laat hem dan even doorkoken tot hij is ingekookt. Voeg de lente-uitjes toe en laat 2 minuten sudderen alvorens te serveren.

Kip Met Tomaten

Voor 4 personen

225 g kip, in blokjes
15 ml / 1 eetlepel maïsmeel (maïszetmeel)
15 ml / 1 eetlepel sojasaus
15 ml / 1 eetlepel rijstwijn of droge sherry
45 ml / 3 eetlepels arachideolie
1 ui, in blokjes gesneden
60 ml / 4 eetlepels kippenbouillon
5 ml / 1 theelepel zout
5 ml / 1 theelepel suiker
2 tomaten, geschild en in blokjes gesneden

Meng de kip met de maïzena, sojasaus en wijn of sherry en laat 30 minuten staan. Verhit de olie en bak de kip tot hij lichtgekleurd is. Voeg de ui toe en bak tot hij zacht is. Voeg de bouillon, het zout en de suiker toe, breng aan de kook en roer zachtjes op laag vuur tot de kip gaar is. Voeg de tomaten toe en roer tot ze warm zijn.

Gepocheerde kip met tomaten

Voor 4 personen

4 porties kip

4 tomaten, geschild en in vieren gesneden

15 ml / 1 eetlepel rijstwijn of droge sherry

15 ml / 1 eetlepel arachideolie

zout

Doe de kip in een pan en bedek met koud water. Breng aan de kook, dek af en laat 20 minuten koken. Voeg de tomaten, wijn of sherry, olie en zout toe, dek af en laat nog 10 minuten sudderen tot de kip gaar is. Leg de kip op een warme serveerschaal en snij in stukken. Verwarm de saus opnieuw en giet deze over de kip om te serveren.

Kip en tomaten met zwarte bonensaus

Voor 4 personen

45 ml / 3 eetlepels arachideolie

1 teentje knoflook, geperst

45 ml / 3 eetlepels zwarte bonensaus

225 g kip, in blokjes

15 ml / 1 eetlepel rijstwijn of droge sherry

5 ml / 1 theelepel suiker

15 ml / 1 eetlepel sojasaus

90 ml / 6 eetlepels kippenbouillon

3 tomaten, geschild en in vieren gesneden

10 ml / 2 theelepels maïsmeel (maïszetmeel)

45 ml / 3 eetlepels water

Verhit de olie en fruit de knoflook 30 seconden. Voeg de zwarte bonensaus toe en roerbak gedurende 30 seconden. Voeg dan de kip toe en roer tot alles goed bedekt is met olie. Voeg de wijn of sherry, suiker, sojasaus en bouillon toe, breng aan de kook, dek af en laat ongeveer 5 minuten sudderen tot de kip gaar is. Meng de maïsmeel en het water tot een pasta, roer het in de pan en laat al roerend sudderen tot de saus lichter en dikker wordt.

Gekookte Kip Met Groenten

Voor 4 personen

1 eiwit

50 g maïsmeel (maïszetmeel)

225 g kipfilets, in reepjes gesneden

75 ml / 5 eetlepels arachideolie

200 g bamboescheuten, in reepjes gesneden

50 g sojascheuten

1 groene paprika, in reepjes gesneden

3 lente-uitjes (lente-uitjes), in plakjes gesneden

1 schijfje gemberwortel, gehakt

1 teentje knoflook, fijngehakt

15 ml / 1 eetlepel rijstwijn of droge sherry

Klop het eiwit en de maïsmeel en dompel de kipreepjes in het mengsel. Verhit de olie tot matig heet en bak de kip een paar minuten tot hij net gaar is. Haal uit de pan en laat goed uitlekken. Voeg bamboescheuten, taugé, paprika, uien, gember en knoflook toe aan de pan en roerbak 3 minuten. Voeg de wijn of sherry toe en doe de kip terug in de pan. Meng goed en verwarm opnieuw voor het serveren.

Kip met walnoten

Voor 4 personen

45 ml / 3 eetlepels arachideolie

2 lente-uitjes (lente-uitjes), gehakt

1 schijfje gemberwortel, gehakt

450 g kipfilet, in dunne plakjes gesneden

50 g ham, gesneden

30 ml / 2 eetlepels sojasaus

30 ml / 2 eetlepels rijstwijn of droge sherry

5 ml / 1 theelepel suiker

5 ml / 1 theelepel zout

100 g walnoten, gehakt

Verhit de olie en bak de uien en gember 1 minuut. Voeg de kip en de ham toe en roerbak 5 minuten tot ze bijna gaar zijn. Voeg de sojasaus, wijn of sherry, suiker en zout toe en roerbak 3 minuten. Voeg de noten toe en roerbak 1 minuut tot de ingrediënten goed gemengd zijn.

Kip met noten

Voor 4 personen

100 g / 4 oz / 1 kop gepelde walnoten, gehalveerd

frituur olie

45 ml / 3 eetlepels arachideolie

2 plakjes gemberwortel, gehakt

225 g kip, in blokjes

100 g bamboescheuten, in plakjes gesneden

75 ml / 5 eetlepels kippenbouillon

Bereid de noten, verwarm de olie en bak de noten goudbruin, laat ze vervolgens goed uitlekken. Verhit arachideolie en bak de gember 30 seconden. Voeg de kip toe en roerbak tot deze lichtbruin is. Voeg de overige ingrediënten toe, breng aan de kook en laat al roerend sudderen tot de kip gaar is.

Kip Met Waterkastanjes

Voor 4 personen

45 ml / 3 eetlepels arachideolie

2 teentjes knoflook, geperst

2 lente-uitjes (lente-uitjes), gehakt

1 schijfje gemberwortel, gehakt

225 g kipfilet, in vlokken gesneden

100 g waterkastanjes, in vlokken gesneden

45 ml / 3 eetlepels sojasaus

15 ml / 1 eetlepel rijstwijn of droge sherry

5 ml / 1 theelepel maïsmeel (maïszetmeel)

Verhit de olie en bak de knoflook, lente-uitjes en gember lichtbruin. Voeg de kip toe en roerbak 5 minuten. Voeg de waterkastanjes toe en roerbak 3 minuten. Voeg de sojasaus, wijn of sherry en maïzena toe en roerbak ongeveer 5 minuten tot de kip gaar is.

Hartige kip met waterkastanjes

Voor 4 personen

30 ml / 2 eetlepels arachideolie

4 stuks kip

3 lente-uitjes (lente-uitjes), gehakt

2 teentjes knoflook, geperst

1 schijfje gemberwortel, gehakt

250 ml sojasaus

30 ml / 2 eetlepels rijstwijn of droge sherry

30 ml / 2 eetlepels bruine suiker

5 ml / 1 theelepel zout

375 ml / 13 fl oz / 1¼ kopjes water

225 g waterkastanjes, in plakjes gesneden

15 ml / 1 eetlepel maïsmeel (maïszetmeel)

Verhit de olie en bak de stukken kip goudbruin. Voeg de lente-uitjes, knoflook en gember toe en bak 2 minuten. Voeg de sojasaus, wijn of sherry, suiker en zout toe en meng goed. Voeg water toe, breng aan de kook, dek af en laat 20 minuten koken. Voeg de waterkastanjes toe, dek af en kook nog eens 20 minuten. Meng de maïsmeel met een beetje water, roer het door de saus en laat al roerend sudderen tot de saus lichter en dikker wordt.

Kippenknoedels

Voor 4 personen

4 gedroogde Chinese champignons
450 g kipfilet, versnipperd
225 g gemengde groenten, gehakt
1 lente-ui (lente-ui), gehakt
15 ml / 1 eetlepel sojasaus
2,5 ml / ½ theelepel zout
40 wontonhuiden
1 ei, losgeklopt

Week de champignons 30 minuten in warm water en laat ze uitlekken. Verwijder de stelen en hak de hoedjes fijn. Meng met kip, groenten, sojasaus en zout.

Om de wontons te vouwen, houdt u de huid in de palm van uw linkerhand en lepelt u een beetje vulling in het midden. Bevochtig de randen met het ei en vouw de huid in een driehoek, zodat de randen dicht zijn. Bevochtig de hoeken met het ei en draai ze samen.

Breng een pan vol water aan de kook. Voeg de wontons toe en laat ongeveer 10 minuten koken tot ze het oppervlak bereiken.

Krokante kippenvleugels

Voor 4 personen

900 g kippenvleugels
60 ml / 4 eetlepels rijstwijn of droge sherry
60 ml / 4 eetlepels sojasaus
50 g / 2 oz / ½ kopje maïsmeel (maïszetmeel)
arachideolie (pinda's) om te frituren

Doe de kippenvleugels in een kom. Meng de overige ingrediënten en giet ze over de kippenvleugels, meng goed zodat ze bedekt zijn met de saus. Dek af en laat 30 minuten rusten. Verhit de olie en bak de kip in gedeelten gaar en donkerbruin. Laat goed uitlekken op keukenpapier en houd warm terwijl je de resterende kip bakt.

Vijfkruidige kippenvleugels

Voor 4 personen

30 ml / 2 eetlepels arachideolie

2 teentjes knoflook, geperst

450 g kippenvleugels

250 ml / 8 fl oz / 1 kop kippenbouillon

30 ml / 2 eetlepels sojasaus

5 ml / 1 theelepel suiker

5 ml / 1 theelepel vijfkruidenpoeder

Verhit de olie en knoflook tot de knoflook lichtbruin is. Voeg de kip toe en bak tot deze lichtbruin is. Voeg de overige ingrediënten toe, meng goed en breng aan de kook. Dek af en laat ongeveer 15 minuten sudderen tot de kip gaar is. Verwijder het deksel en laat verder sudderen, af en toe roerend, tot bijna al het vocht verdampt is. Serveer warm of koud.

Gemarineerde Kippenvleugels

Voor 4 personen

45 ml / 3 eetlepels sojasaus

45 ml / 3 eetlepels rijstwijn of droge sherry

30 ml / 2 eetlepels bruine suiker

5 ml / 1 theelepel geraspte gemberwortel

2 teentjes knoflook, geperst

6 lente-uitjes (lente-uitjes), in plakjes gesneden

450 g kippenvleugels

30 ml / 2 eetlepels arachideolie

225 g bamboescheuten, in plakjes gesneden

20 ml / 4 theelepels maïsmeel (maïszetmeel)

175 ml kippenbouillon

Roer de sojasaus, wijn of sherry, suiker, gember, knoflook en lente-uitjes erdoor. Voeg de kippenvleugels toe en roer ze volledig door elkaar. Dek af en laat 1 uur rusten, af en toe roeren. Verhit de olie en roerbak de bamboescheuten 2 minuten. Haal ze uit de pan. Giet de kip en uien af en bewaar de marinade. Verhit de olie en bak de kip aan alle kanten goudbruin. Dek af en kook nog eens 20 minuten tot de kip gaar is. Meng de maïzena met de bouillon en de achtergehouden marinade. Giet over de kip en breng al roerend aan de kook tot de saus dikker wordt. Roer de bamboescheuten erdoor en laat al roerend nog 2 minuten koken.

Echte kippenvleugels

Voor 4 personen

12 kippenvleugels

250 ml / 8 fl oz / 1 kopje arachideolie

15 ml / 1 eetlepel basterdsuiker

2 lente-uitjes (lente-uitjes), in stukjes gesneden

5 plakjes gemberwortel

5 ml / 1 theelepel zout

45 ml / 3 eetlepels sojasaus

250 ml / 8 fl oz / 1 kopje rijstwijn of droge sherry

250 ml / 8 fl oz / 1 kop kippenbouillon

10 plakjes bamboescheuten

15 ml / 1 eetlepel maïsmeel (maïszetmeel)

15 ml / 1 eetlepel water

2,5 ml / ½ theelepel sesamolie

Blancheer de kippenvleugels 5 minuten in kokend water en laat ze goed uitlekken. Verhit de olie, voeg de suiker toe en roer tot het gesmolten en goudbruin is. Voeg de kip, lente-uitjes, gember, zout, sojasaus, wijn en bouillon toe, breng aan de kook en laat 20 minuten zachtjes koken. Voeg de bamboescheuten toe en laat 2 minuten sudderen, of tot de vloeistof grotendeels verdampt is. Meng de maïsmeel met het water, roer het in de pan en roer tot het dik is. Leg de kippenvleugels op een warme serveerschaal en serveer besprenkeld met sesamolie.

Gekruide kippenvleugels

Voor 4 personen

30 ml / 2 eetlepels arachideolie

5 ml / 1 theelepel zout

2 teentjes knoflook, geperst

900 g kippenvleugels

30 ml / 2 eetlepels rijstwijn of droge sherry

30 ml / 2 eetlepels sojasaus

30 ml / 2 eetlepels tomatenpuree (pasta)

15 ml / 1 eetlepel Worcestershiresaus

Verhit de olie, het zout en de knoflook en bak tot de knoflook licht goudbruin kleurt. Voeg de kippenvleugels toe en bak, vaak roerend, ongeveer 10 minuten tot ze goudbruin en bijna gaar zijn. Voeg de overige ingrediënten toe en roerbak ongeveer 5 minuten tot de kip knapperig en goed gaar is.

Gegrilde Kippendijen

Voor 4 personen

16 kippenpoten

30 ml / 2 eetlepels rijstwijn of droge sherry

30 ml / 2 eetlepels wijnazijn

30 ml / 2 eetlepels olijfolie

zout en versgemalen peper

120 ml sinaasappelsap

30 ml / 2 eetlepels sojasaus

30 ml / 2 eetlepels honing

15 ml / 1 eetlepel citroensap

2 plakjes gemberwortel, gehakt

120 ml / 4 fl oz / ½ kopje chilisaus

Meng alle ingrediënten behalve de chilisaus, dek af en laat een nacht in de koelkast marineren. Haal de kip uit de marinade en gril of gril ongeveer 25 minuten, draai en meng met de chilisaus terwijl deze kookt.

Hoisin kippendijen

Voor 4 personen

8 kippendijen

600 ml kippenbouillon

zout en versgemalen peper

250 ml hoisinsaus

30 ml / 2 eetlepels gewone bloem (universeel)

2 losgeklopte eieren

100 g broodkruimels

frituur olie

Doe de eetstokjes en de bouillon in een pan, breng aan de kook, dek af en laat 20 minuten koken tot het gaar is. Haal de kip uit de pan en dep droog op keukenpapier. Doe de kip in een kom en breng op smaak met peper en zout. Giet de hoisinsaus erover en laat 1 uur marineren. Droogleggen. Haal de kip door de bloem, haal hem door de eieren en het paneermeel en vervolgens nogmaals door het ei en het paneermeel. Verhit de olie en bak de kip in ongeveer 5 minuten goudbruin. Laat ze uitlekken op absorberend papier en serveer ze warm of koud.

Gestoofde kip

Voor 4-6 personen

75 ml / 5 eetlepels arachideolie

1 kip

3 lente-uitjes (lente-uitjes), in plakjes gesneden

3 plakjes gemberwortel

120 ml / 4 fl oz / ½ kopje sojasaus

30 ml / 2 eetlepels rijstwijn of droge sherry

5 ml / 1 theelepel suiker

Verhit de olie en bak de kip goudbruin. Voeg de lente-uitjes, gember, sojasaus en wijn of sherry toe en breng aan de kook. Dek af en laat 30 minuten sudderen, af en toe roeren. Voeg de suiker toe, dek af en laat nog 30 minuten sudderen tot de kip gaar is.

Krokant gebakken kip

Voor 4 personen

1 kip

zout

30 ml / 2 eetlepels rijstwijn of droge sherry

3 lente-uitjes (lente-uitjes), in blokjes gesneden

1 schijfje gemberwortel

30 ml / 2 eetlepels sojasaus

30 ml / 2 eetlepels suiker

5 ml / 1 theelepel hele kruidnagels

5 ml / 1 theelepel zout

5 ml / 1 theelepel peperkorrels

150 ml / ¼ pt / royale ½ kopje kippenbouillon

frituur olie

1 sla, versnipperd

4 tomaten, in plakjes gesneden

½ komkommer, in plakjes gesneden

Wrijf de kip in met zout en laat 3 uur staan. Spoel af en plaats in een kom. Voeg de wijn of sherry, gember, sojasaus, suiker, kruidnagel, zout, peperkorrels en bouillon toe en bedruip goed. Plaats de kom in een stoompan, dek af en stoom ongeveer 2¼ uur tot de kip volledig gaar is. Droogleggen. Verhit de olie tot deze rookt, voeg dan de kip toe en bak tot hij goudbruin is. Bak nog eens 5 minuten, haal dan uit de olie en laat uitlekken. Snijd ze in stukjes en schik ze op een verwarmde serveerschaal. Garneer met sla, tomaten en komkommer en serveer met een peper- en zoutsaus.

Hele gebakken kip

Voor 5 personen

1 kip

10 ml / 2 theelepels zout

15 ml / 1 eetlepel rijstwijn of droge sherry

2 lente-uitjes (lente-uitjes), gehalveerd

3 plakjes gemberwortel, in reepjes gesneden

frituur olie

Dep de kip droog en wrijf het vel in met zout en wijn of sherry. Plaats de lente-uitjes en gember in de holte. Hang de kip ongeveer 3 uur op een koele plaats te drogen. Verhit de olie en plaats de kip in een frituurmand. Laat het voorzichtig in de olie zakken en bedruip voortdurend van binnen en van buiten tot de kip licht gekleurd is. Haal uit de olie en laat iets afkoelen terwijl je de olie verwarmt. Bak opnieuw tot ze goudbruin zijn. Laat ze goed uitlekken en snijd ze in stukjes.

Vijfkruidenkip

Voor 4-6 personen

1 kip

120 ml / 4 fl oz / ½ kopje sojasaus

2,5 cm / 1 stuk gemberwortel, gehakt

1 teentje knoflook, geperst

15 ml / 1 eetlepel vijfkruidenpoeder

30 ml / 2 eetlepels rijstwijn of droge sherry

30 ml / 2 eetlepels honing

2,5 ml / ½ theelepel sesamolie

frituur olie

30 ml / 2 eetlepels zout

5 ml / 1 theelepel versgemalen peper

Doe de kip in een grote pan en vul de dij tot halverwege met water. Bewaar 15 ml/1 eetlepel sojasaus en voeg de rest toe aan de pan met de gember, knoflook en de helft van het vijfkruidenpoeder. Breng aan de kook, dek af en laat 5 minuten koken. Zet het vuur uit en laat de kip in het water zitten tot het water lauw is. Droogleggen.

Snijd de kip in de lengte doormidden en leg deze met de snijzijde naar beneden op een bakplaat. Meng de overige sojasaus en vijfkruidenpoeder met de wijn of sherry, honing en sesamolie. Wrijf het mengsel in de kip en laat 2 uur rusten, waarbij u af en toe met het mengsel bestrijkt. Verhit de olie en bak de kiphelften in ongeveer 15 minuten goudbruin en gaar. Laat ze uitlekken op absorberend papier en snij ze in portiegrote stukken.

Meng ondertussen zout en peper en verwarm in een droge pan gedurende ongeveer 2 minuten. Serveer als dip bij de kip.

Kip met gember en lente-ui

Voor 4 personen

1 kip

2 plakjes gemberwortel, in reepjes gesneden

zout en versgemalen peper

90 ml / 4 eetlepels arachideolie

8 lente-uitjes (lente-uitjes), fijngehakt

10 ml / 2 theelepels witte wijnazijn

5 ml / 1 theelepel sojasaus

Doe de kip in een grote pan, voeg de helft van de gember toe en giet er voldoende water bij zodat de kip bijna onder water staat. Breng op smaak met zout en peper. Breng aan de kook, dek af en laat ongeveer 1¼ uur zachtjes koken. Laat de kip in de bouillon rusten tot deze is afgekoeld. Giet de kip af en zet in de koelkast tot het koud is. Snijd in porties.

Rasp de overgebleven gember en meng met olie, lente-uitjes, wijnazijn en sojasaus, zout en peper. Zet 1 uur in de koelkast. Doe de stukken kip in een serveerschaal en giet de gemberdressing erover. Serveer met gestoomde rijst.

Gepocheerde kip

Voor 4 personen

1 kip

1,2 L / 2 pt / 5 kopjes kippenbouillon of water

30 ml / 2 eetlepels rijstwijn of droge sherry

4 lente-uitjes (lente-uitjes), gehakt

1 schijfje gemberwortel

5 ml / 1 theelepel zout

Doe de kip met alle overige ingrediënten in een grote pan. De bouillon of het water moet tot halverwege de dij komen. Breng aan de kook, dek af en laat ongeveer 1 uur sudderen tot de kip volledig gaar is. Giet af en bewaar de bouillon voor soepen.

Kip Gekookt In Rood

Voor 4 personen

1 kip

250 ml sojasaus

Doe de kip in een pan, giet de sojasaus erover en vul aan met water zodat de kip bijna onder water staat. Breng aan de kook, dek af en laat ongeveer 1 uur sudderen tot de kip gaar is, af en toe draaiend.

Roodgekookte gekruide kip

Voor 4 personen

2 plakjes gemberwortel

2 lente-uitjes (lente-ui)

1 kip

3 steranijskruidnagels

½ kaneelstokje

15 ml / 1 eetlepel Sichuanpeper

75 ml / 5 eetlepels sojasaus

75 ml / 5 eetlepels rijstwijn of droge sherry

75 ml / 5 eetlepels sesamolie

15 ml / 1 eetlepel suiker

Doe de gember en de lente-uitjes in de kippenholte en plaats de kip in een pan. Bind de steranijs, kaneel en peperkorrels in een stuk mousseline en voeg toe aan de pan. Giet de sojasaus, wijn of sherry en sesamolie erover. Breng aan de kook, dek af en laat ongeveer 45 minuten koken. Voeg de suiker toe, dek af en laat nog 10 minuten sudderen tot de kip gaar is.

Sesam Geroosterde Kip

Voor 4 personen

50 g sesamzaadjes

1 ui, fijngehakt

2 teentjes knoflook, fijngehakt

10 ml / 2 theelepels zout

1 gedroogde rode chilipeper, fijngehakt

een snufje gemalen kruidnagel

2,5 ml / ½ theelepel gemalen kardemom

2,5 ml / ½ theelepel gemalen gember

75 ml / 5 eetlepels arachideolie

1 kip

Meng alle kruiden en olie door elkaar en bestrijk de kip ermee. Plaats het in een bakplaat en voeg 30 ml / 2 eetlepels water toe aan de bakplaat. Bak in een voorverwarmde oven op 180°C/350°F/gasovenstand 4 gedurende ongeveer 2 uur, terwijl u de kip af en toe bedruipt en omdraait, totdat de kip goudbruin en gaar is. Voeg eventueel nog wat water toe om aanbranden te voorkomen.

Kip in sojasaus

Voor 4-6 personen

300 ml / ½ pt / 1¼ kopjes sojasaus

300 ml / ½ pt / 1¼ kopjes rijstwijn of droge sherry

1 ui, gehakt

3 plakjes gemberwortel, gehakt

50 g / 2 oz / ¼ kopje suiker

1 kip

15 ml / 1 eetlepel maïsmeel (maïszetmeel)

60 ml / 4 eetlepels water

1 komkommer, geschild en in plakjes gesneden

30 ml / 2 eetlepels gehakte verse peterselie

Meng de sojasaus, wijn of sherry, ui, gember en suiker in een pan en breng aan de kook. Voeg de kip toe, breng aan de kook, dek af en laat 1 uur sudderen, waarbij u de kip af en toe omdraait, tot de kip gaar is. Leg de kip op een warme serveerschaal en snijd hem in plakjes. Giet alles behalve 250 ml / 8 fl oz / 1 kop van het kookvocht erbij en breng het weer aan de kook. Meng de maïsmeel en het water tot een pasta, roer het in de pan en laat al roerend sudderen tot de saus lichter en dikker wordt. Bestrijk de kip met wat saus en garneer de kip met komkommer en peterselie. Serveer de overige saus apart.

Gestoomde kip

Voor 4 personen

1 kip

45 ml / 3 eetlepels rijstwijn of droge sherry

zout

2 plakjes gemberwortel

2 lente-uitjes (lente-ui)

250 ml / 8 fl oz / 1 kop kippenbouillon

Doe de kip in een ovenvaste kom, wrijf deze in met wijn of sherry en zout en doe de gember en lente-uitjes in de ovenruimte. Zet de kom op een rooster in een stoompan, dek af en stoom ongeveer 1 uur boven kokend water tot hij gaar is. Serveer warm of koud.

Gestoomde kip met anijs

Voor 4 personen

250 ml sojasaus

250 ml / 8 fl oz / 1 kopje water

15 ml / 1 eetlepel bruine suiker

4 steranijskruidnagels

1 kip

Meng de sojasaus, het water, de suiker en de anijs in een pan en breng zachtjes aan de kook. Doe de kip in een kom en bedruip hem van binnen en van buiten voorzichtig met het mengsel. Verwarm het mengsel opnieuw en herhaal. Doe de kip in een ovenvaste kom. Zet de kom op een rooster in een stoompan, dek af en stoom ongeveer 1 uur boven kokend water tot hij gaar is.

Vreemd smakende kip

Voor 4 personen

1 kip

5 ml / 1 theelepel gehakte gemberwortel

5 ml / 1 theelepel gehakte knoflook

45 ml / 3 eetlepels dikke sojasaus

5 ml / 1 theelepel suiker

2,5 ml / ½ theelepel wijnazijn

10 ml / 2 theelepels sesamsaus

5 ml / 1 theelepel versgemalen peper

10 ml / 2 theelepels chili-olie

½ sla, versnipperd

15 ml / 1 eetlepel gehakte verse koriander

Doe de kip in een pan en vul hem met water tot halverwege de kippenpoten. Breng aan de kook, dek af en laat ongeveer 1 uur sudderen tot de kip gaar is. Haal het uit de pan, laat het goed uitlekken en dompel het onder in ijswater tot het vlees volledig is afgekoeld. Laat goed uitlekken en snijd in stukken van 5 cm/2 cm. Meng alle overige ingrediënten door elkaar en giet over de kip. Serveer gegarneerd met sla en koriander.

Krokante stukjes kip

Voor 4 personen

100 g gewone bloem (universeel)

snufje zout

15 ml / 1 eetlepel water

1 ei

350 g gekookte kip, in blokjes

frituur olie

Meng de bloem, het zout, het water en het ei tot een redelijk stevig beslag. Voeg indien nodig nog wat water toe. Dompel de stukken kip in het beslag tot ze goed bedekt zijn. Verhit de olie tot deze zeer heet is en bak de kip een paar minuten tot hij knapperig en goudbruin is.

Kip met groene bonen

Voor 4 personen

45 ml / 3 eetlepels arachideolie

450 g gekookte kip, versnipperd

5 ml / 1 theelepel zout

2,5 ml / ½ theelepel versgemalen peper

225 g sperziebonen, in stukjes gesneden

1 stengel bleekselderij, diagonaal gesneden

225 g champignons, in plakjes gesneden

250 ml / 8 fl oz / 1 kop kippenbouillon

30 ml / 2 eetlepels maïsmeel (maïszetmeel)

60 ml / 4 eetlepels water

10 ml / 2 theelepels sojasaus

Verhit de olie en bak de kip, zout en peper tot hij lichtbruin is. Voeg de bonen, selderij en champignons toe en meng goed. Voeg de bouillon toe, breng aan de kook, dek af en laat 15 minuten koken. Meng de maïsmeel, het water en de sojasaus tot een pasta, roer het in de pan en laat al roerend sudderen tot de saus lichter en dikker wordt.

Gekookte Kip Met Ananas

Voor 4 personen

45 ml / 3 eetlepels arachideolie

225 g gekookte kip, in blokjes

zout en versgemalen peper

2 stengels bleekselderij, diagonaal gesneden

3 plakjes ananas, in stukjes gesneden

120 ml kippenbouillon

15 ml / 1 eetlepel sojasaus

10 ml / 2 eetlepels maïsmeel (maïszetmeel)

30 ml / 2 eetlepels water

Verhit de olie en bak de kip lichtbruin. Breng op smaak met peper en zout, voeg de bleekselderij toe en bak 2 minuten. Voeg de ananas, bouillon en sojasaus toe en roer een paar minuten tot het geheel warm is. Meng de maïsmeel en het water tot een pasta, roer het in de pan en laat al roerend sudderen tot de saus lichter en dikker wordt.

Kip met paprika en tomaten

Voor 4 personen

45 ml / 3 eetlepels arachideolie

450 g gekookte kip, in plakjes gesneden

10 ml / 2 theelepels zout

5 ml / 1 theelepel versgemalen peper

1 groene paprika, in stukjes gesneden

4 grote tomaten, geschild en in partjes gesneden

250 ml / 8 fl oz / 1 kop kippenbouillon

30 ml / 2 eetlepels maïsmeel (maïszetmeel)

15 ml / 1 eetlepel sojasaus

120 ml / 4 fl oz / ½ kopje water

Verhit de olie en bak de kip, zout en peper goudbruin. Voeg de paprika's en tomaten toe. Giet de bouillon erbij, breng aan de kook, dek af en laat 15 minuten koken. Meng het maïsmeel, de sojasaus en het water tot een pasta, roer het in de pan en laat al roerend sudderen tot de saus lichter en dikker wordt.

Sesam kip

Voor 4 personen

450 g gekookte kip, in reepjes gesneden

2 plakjes gember fijngehakt

1 lente-ui (lente-ui), fijngehakt

zout en versgemalen peper

60 ml / 4 eetlepels rijstwijn of droge sherry

60 ml / 4 eetlepels sesamolie

10 ml / 2 theelepels suiker

5 ml / 1 theelepel wijnazijn

150 ml / ¼ pt / royale ½ kopje sojasaus

Schik de kip op een serveerschaal en bestrooi met gember, lente-ui, zout en peper. Meng de wijn of sherry, sesamolie, suiker, wijnazijn en sojasaus. Giet over de kip.

Gebakken poussins

Voor 4 personen

2 poussins, gehalveerd
45 ml / 3 eetlepels sojasaus
45 ml / 3 eetlepels rijstwijn of droge sherry
120 ml / 4 fl oz / ½ kopje arachideolie
1 lente-ui (lente-ui), fijngehakt
30 ml / 2 eetlepels kippenbouillon
10 ml / 2 theelepels suiker
5 ml / 1 theelepel chili-olie
5 ml / 1 theelepel knoflookpasta
zout en peper

Doe de kippen in een kom. Meng de sojasaus en de wijn of sherry, giet het over de poussins, dek af en laat 2 uur marineren, vaak bedruipen. Verhit de olie en bak de kippen in ongeveer 20 minuten gaar. Haal ze uit de pan en verwarm de olie. Doe ze terug in de pan en bak ze goudbruin. Giet het grootste deel van de olie af. Meng de overige ingrediënten, doe ze in de pan en verwarm snel. Giet het mengsel over de poussins voordat u het serveert.

Turkiye met peultjes

Voor 4 personen

60 ml / 4 eetlepels arachideolie

2 lente-uitjes (lente-uitjes), gehakt

2 teentjes knoflook, geperst

1 schijfje gemberwortel, gehakt

225 g kalkoenfilet, in reepjes gesneden

225 g peultjes (erwten)

100 g bamboescheuten, in reepjes gesneden

50 g waterkastanjes, in reepjes gesneden

45 ml / 3 eetlepels sojasaus

15 ml / 1 eetlepel rijstwijn of droge sherry

5 ml / 1 theelepel suiker

5 ml / 1 theelepel zout

15 ml / 1 eetlepel maïsmeel (maïszetmeel)

Verhit 45 ml / 3 el olie en bak de lente-uitjes, knoflook en gember tot ze lichtbruin zijn. Voeg de kalkoen toe en roerbak 5 minuten. Haal uit de pan en zet opzij. Verhit de resterende olie en roerbak de peultjes, bamboescheuten en waterkastanjes gedurende 3 minuten. Voeg de sojasaus, wijn of sherry, suiker en zout toe en doe de kalkoen terug in de pan. Roerbak gedurende 1 minuut. Meng de maïsmeel met een beetje water, roer het in de pan en laat al roerend sudderen tot de saus lichter en dikker wordt.

Kalkoen met paprika

Voor 4 personen

4 gedroogde Chinese champignons
30 ml / 2 eetlepels arachideolie
1 paksoi, in reepjes gesneden
350 g gerookte kalkoen, in reepjes gesneden
1 ui, gesneden
1 rode paprika, in reepjes gesneden
1 groene paprika, in reepjes gesneden
120 ml kippenbouillon
30 ml / 2 eetlepels tomatenpuree (pasta)
45 ml / 3 eetlepels wijnazijn
30 ml / 2 eetlepels sojasaus
15 ml / 1 eetlepel hoisinsaus
10 ml / 2 theelepels maïsmeel (maïszetmeel)
een paar druppels chili-olie

Week de champignons 30 minuten in warm water en laat ze uitlekken. Verwijder de stelen en snijd de hoedjes in reepjes. Verhit de helft van de olie en bak de kool ongeveer 5 minuten of tot hij gaar is. Haal uit de pan. Voeg de kalkoen toe en roerbak 1 minuut. Voeg de groenten toe en roerbak 3 minuten.

Meng de bouillon met de tomatenpuree, wijnazijn en sauzen en voeg toe aan de pan met de kool. Meng de maizena met een beetje water, roer het in de pan en breng al roerend aan de kook. Besprenkel met chili-olie en laat 2 minuten sudderen, onder voortdurend roeren.

Chinese gebraden kalkoen

Voor 8-10 personen

1 kleine kalkoen
600 ml / 1 pt / 2½ kopjes heet water
10 ml / 2 theelepels piment
500 ml / 16 fl oz / 2 kopjes sojasaus
5 ml / 1 theelepel sesamolie
10 ml / 2 theelepels zout
45 ml / 3 eetlepels boter

Doe de kalkoen in een pan en giet er heet water overheen. Voeg de overige ingrediënten toe, behalve de boter, en laat 1 uur rusten, terwijl je meerdere keren roert. Haal de kalkoen uit de vloeistof en bestrijk hem met boter. Leg het op een bakplaat, dek af met folie en bak in een voorverwarmde oven op 160°C/325°F/gasstand 3 gedurende ongeveer 4 uur, af en toe bedruipen met de sojasausvloeistof. Verwijder de folie en laat de huid de laatste 30 minuten van het koken knapperig worden.

Kalkoen Met Walnoten En Champignons

Voor 4 personen

450 g kalkoenborstfilet

zout en peper

sap van 1 sinaasappel

15 ml / 1 eetlepel gewone bloem (universeel)

12 ingelegde zwarte walnoten met sap

5 ml / 1 theelepel maïsmeel (maïszetmeel)

15 ml / 1 eetlepel arachideolie

2 lente-uitjes (lente-uitjes), in blokjes gesneden

225 g champignonpaddestoelen

45 ml / 3 eetlepels rijstwijn of droge sherry

10 ml / 2 theelepels sojasaus

50 g boter

25 g pijnboompitten

Snijd de kalkoen in plakjes van 1 cm/½ dik. Bestrooi met zout, peper en sinaasappelsap en bestuif met bloem. Giet de walnoten af, halveer ze, bewaar het vocht en meng het vocht met de maïzena. Verhit de olie en bak de kalkoen goudbruin.

Voeg de lente-uitjes en champignons toe en roerbak 2 minuten. Roer de wijn of sherry en de sojasaus erdoor en laat 30 seconden sudderen. Voeg de noten toe aan het maïsmeelmengsel, roer ze door de pan en breng aan de kook. Voeg de boter in kleine vlokken toe, maar laat het mengsel niet koken. Rooster de pijnboompitten in een droge pan goudbruin. Breng het kalkoenmengsel over naar een warme serveerschaal en serveer gegarneerd met pijnboompitten.

Eend met bamboescheuten

Voor 4 personen

6 gedroogde Chinese paddenstoelen

1 eend

50 g gerookte ham, in reepjes gesneden

100 g bamboescheuten, in reepjes gesneden

2 lente-uitjes (sjalotten), in reepjes gesneden

2 plakjes gemberwortel, in reepjes gesneden

5 ml / 1 theelepel zout

Week de champignons 30 minuten in warm water en laat ze uitlekken. Verwijder de stelen en snijd de hoedjes in reepjes. Doe alle ingrediënten in een hittebestendige kom en doe ze in een pan gevuld met water tot tweederde van de hoogte van de kom. Breng aan de kook, dek af en laat ongeveer 2 uur sudderen tot de eend gaar is. Voeg indien nodig kokend water toe.

Eend met taugé

Voor 4 personen

225 g taugé
45 ml / 3 eetlepels arachideolie
450 g gekookt eendvlees
15 ml / 1 eetlepel oestersaus
15 ml / 1 eetlepel rijstwijn of droge sherry
30 ml / 2 eetlepels water
2,5 ml / ½ theelepel zout

Blancheer de taugé 2 minuten in kokend water en laat ze uitlekken. Verhit de olie en roerbak de taugé gedurende 30 seconden. Voeg eend toe, roerbak tot het warm is. Voeg de overige ingrediënten toe en roerbak 2 minuten zodat de smaken zich vermengen. Serveer onmiddellijk.

Gestoofde eend

Voor 4 personen

4 lente-uitjes (lente-uitjes), gehakt

1 schijfje gemberwortel, gehakt

120 ml / 4 fl oz / ½ kopje sojasaus

30 ml / 2 eetlepels rijstwijn of droge sherry

1 eend

120 ml / 4 fl oz / ½ kopje arachideolie

600 ml / 1 pt / 2½ kopjes water

15 ml / 1 eetlepel bruine suiker

Meng de lente-uitjes, gember, sojasaus en wijn of sherry en wrijf de eend van binnen en van buiten. Verhit de olie en bak de eend aan alle kanten lichtbruin. Giet de olie af. Voeg het water en het resterende sojasausmengsel toe, breng aan de kook, dek af en laat 1 uur sudderen. Voeg de suiker toe, dek af en laat nog 40 minuten sudderen tot de eend gaar is.

Gestoomde eend met selderij

Voor 4 personen

350 g gekookte eend, in plakjes gesneden
1 krop bleekselderij
250 ml / 8 fl oz / 1 kop kippenbouillon
2,5 ml / ½ theelepel zout
5 ml / 1 theelepel sesamolie
1 tomaat, in partjes gesneden

Leg de eend op een stoomrek. Snijd de bleekselderij in stukken van 7,5 cm en doe ze in een pan. Giet de bouillon erbij, breng op smaak met zout en plaats de stoompan op de pan. Breng de bouillon aan de kook en laat ongeveer 15 minuten koken tot de bleekselderij gaar is en de eend warm is. Schik de eend en de bleekselderij op een warme serveerschaal, besprenkel de bleekselderij met sesamolie en serveer gegarneerd met partjes tomaat.

Eend met Gember

Voor 4 personen

350 g eendenborst, in dunne plakjes gesneden
1 ei, lichtgeklopt
5 ml / 1 theelepel sojasaus
5 ml / 1 theelepel maïsmeel (maïszetmeel)
5 ml / 1 theelepel arachideolie
frituur olie
50 g bamboescheuten
50 g peultjes (peultjes)
2 plakjes gemberwortel, gehakt
15 ml / 1 eetlepel water
2,5 ml / ½ theelepel suiker
2,5 ml / ½ theelepel rijstwijn of droge sherry
2,5 ml / ½ theelepel sesamolie

Meng de eend met het ei, de sojasaus, maizena en olie en laat 10 minuten rusten. Verhit de olie en bak de eend en de bamboescheuten gaar en goudbruin. Haal uit de pan en laat goed uitlekken. Giet alles behalve 15 ml/1 eetlepel olie uit de pan en roerbak de eend, bamboescheuten, peultjes, gember, water, suiker en wijn of sherry gedurende 2 minuten. Serveer besprenkeld met sesamolie.

Eend met sperziebonen

Voor 4 personen

1 eend

60 ml / 4 eetlepels arachideolie

2 teentjes knoflook, geperst

2,5 ml / ½ theelepel zout

1 ui, gehakt

15 ml / 1 eetlepel geraspte gemberwortel

45 ml / 3 eetlepels sojasaus

120 ml / 4 fl oz / ½ kopje rijstwijn of droge sherry

60 ml / 4 eetlepels tomatenketchup (ketchup)

45 ml / 3 eetlepels wijnazijn

300 ml kippenbouillon

450 g sperziebonen, in plakjes gesneden

snufje versgemalen peper

5 druppels chili-olie

15 ml / 1 eetlepel maïsmeel (maïszetmeel)

30 ml / 2 eetlepels water

Snij de eend in 8 of 10 stukken. Verhit de olie en bak de eend goudbruin. Overbrengen naar een kom. Voeg de knoflook, zout, ui, gember, sojasaus, wijn of sherry, ketchup en wijnazijn toe. Meng, dek af en laat 3 uur in de koelkast marineren.

Verhit de olie, voeg de eend, de bouillon en de marinade toe, breng aan de kook, dek af en laat 1 uur koken. Voeg de bonen toe, dek af en laat 15 minuten koken. Voeg de peper en chili-olie toe. Meng de maïsmeel met het water, roer het in de pan en laat al roerend sudderen tot de saus dikker wordt.

Gebakken Gestoomde Eend

Voor 4 personen

1 eend

zout en versgemalen peper

frituur olie

hoisinsaus

Kruid de eend met zout en peper en doe hem in een hittebestendige kom. Doe het in een pan gevuld met water tot het tweederde van de kom stijgt, breng aan de kook, dek af en laat ongeveer anderhalf uur sudderen tot de eend gaar is. Giet af en laat afkoelen.

Verhit de olie en bak de eend krokant en goudbruin. Verwijder en laat goed uitlekken. Snijd in stukken en serveer met hoisinsaus.

Eend met exotisch fruit

Voor 4 personen

4 eendenborstfilets, in reepjes gesneden

2,5 ml / ½ theelepel vijfkruidenpoeder

30 ml / 2 eetlepels sojasaus

15 ml / 1 eetlepel sesamolie

15 ml / 1 eetlepel arachideolie

3 stengels bleekselderij, in blokjes gesneden

2 plakjes ananas, in blokjes gesneden

100 g meloen, in blokjes

100 g lychees, gehalveerd

130 ml kippenbouillon

30 ml / 2 eetlepels tomatenpuree (pasta)

30 ml / 2 eetlepels hoisinsaus

10 ml / 2 theelepels wijnazijn

een snufje bruine suiker

Doe de eend in een kom. Meng het vijfkruidenpoeder, de sojasaus en de sesamolie, giet het over de eend en laat 2 uur marineren, af en toe roeren. Verhit de olie en bak de eend gedurende 8 minuten. Haal uit de pan. Voeg de selderij en het fruit toe en roerbak 5 minuten. Doe de eend terug in de pan met de overige ingrediënten, breng aan de kook en laat al roerend 2 minuten koken voordat je hem serveert.

Gestoofde eend met Chinese bladeren

Voor 4 personen

1 eend

30 ml / 2 eetlepels rijstwijn of droge sherry

30 ml / 2 eetlepels hoisinsaus

15 ml / 1 eetlepel maïsmeel (maïszetmeel)

5 ml / 1 theelepel zout

5 ml / 1 theelepel suiker

60 ml / 4 eetlepels arachideolie

4 lente-uitjes (lente-uitjes), gehakt

2 teentjes knoflook, geperst

1 schijfje gemberwortel, gehakt

75 ml / 5 eetlepels sojasaus

600 ml / 1 pt / 2½ kopjes water

225 g Chinese bladeren, gehakt

Snij de eend in ongeveer 6 stukken. Meng de wijn of sherry, hoisinsaus, maïsmeel, zout en suiker en wrijf dit over de eend. Laat 1 uur rusten. Verhit de olie en fruit de lente-uitjes, knoflook en gember enkele seconden. Voeg de eend toe en bak tot hij aan alle kanten lichtbruin is. Giet overtollig vet af. Giet de sojasaus en het water erbij, breng aan de kook, dek af en laat ongeveer 30 minuten sudderen. Voeg de Chinese bladeren toe, dek opnieuw af en laat nog eens 30 minuten sudderen tot de eend gaar is.

Dronken eend

Voor 4 personen

2 lente-uitjes (lente-uitjes), gehakt
2 teentjes knoflook, fijngehakt
1,5 l / 2½ pt / 6 kopjes water
1 eend
450 ml / ¾ pt / 2 kopjes rijstwijn of droge sherry

Doe de lente-uitjes, knoflook en water in een grote pan en breng aan de kook. Voeg de eend toe, breng opnieuw aan de kook, dek af en laat 45 minuten koken. Laat goed uitlekken en bewaar het vocht voor de bouillon. Laat de eend afkoelen en zet hem een nacht in de koelkast. Snij de eend in stukken en doe deze in een grote schroefpot. Giet de wijn of sherry erover en laat ongeveer 1 week afkoelen voordat u het uitlekt en koud serveert.

Vijfkruideneend

Voor 4 personen

150 ml / ¼ pt / ½ royale kop rijstwijn of droge sherry
150 ml / ¼ pt / royale ½ kopje sojasaus
1 eend
10 ml / 2 theelepels vijfkruidenpoeder

Breng de wijn of sherry en sojasaus aan de kook. Voeg de eend toe en laat al draaiend ongeveer 5 minuten sudderen. Haal de eend uit de pan en wrijf het vijfkruidenpoeder in de schil. Doe de vogel terug in de pan en voeg voldoende water toe zodat de eend half onder water staat. Breng aan de kook, dek af en laat ongeveer 1 1/2 uur sudderen tot de eend gaar is; draai en bedruip regelmatig. Snijd de eend in stukken van 5 cm/2 cm en serveer warm of koud.

Gewokte eend met gember

Voor 4 personen

1 eend

2 plakjes gemberwortel, gehakt

2 lente-uitjes (lente-uitjes), gehakt

15 ml / 1 eetlepel maïsmeel (maïszetmeel)

30 ml / 2 eetlepels sojasaus

30 ml / 2 eetlepels rijstwijn of droge sherry

2,5 ml / ½ theelepel zout

45 ml / 3 eetlepels arachideolie

Haal het vlees van de botten en snijd het in stukjes. Meng het vlees met alle overige ingrediënten behalve de olie. Laat 1 uur rusten. Verhit de olie en bak de eend in de marinade gedurende ongeveer 15 minuten tot de eend gaar is.

Eend met ham en prei

Voor 4 personen

1 eend

450 g gerookte ham

2 preien

2 plakjes gemberwortel, gehakt

45 ml / 3 eetlepels rijstwijn of droge sherry

45 ml / 3 eetlepels sojasaus

2,5 ml / ½ theelepel zout

Doe de eend in een pan en bedek met koud water. Breng aan de kook, dek af en laat ongeveer 20 minuten koken. Giet af en zet 450 ml bouillon opzij. Laat de eend iets afkoelen, snijd het vlees van de botten en snijd het in vierkanten van 5 cm/2 cm. Snijd de ham in gelijke stukken. Snijd lange stukken prei en rol een plakje eend en ham in het blad en bind het vast met touw. Doe in een hittebestendige kom. Voeg de gember, wijn of sherry, sojasaus en zout toe aan de gereserveerde bouillon en giet dit over de eendrolletjes. Plaats de kom in een pan gevuld met water, zodat deze tot tweederde van de zijkanten van de kom reikt. Aan de kook brengen,

Geroosterde Eend Met Honing

Voor 4 personen

1 eend

zout

3 teentjes knoflook, geperst

3 lente-uitjes (lente-uitjes), gehakt

45 ml / 3 eetlepels sojasaus

45 ml / 3 eetlepels rijstwijn of droge sherry

45 ml / 3 eetlepels honing

200 ml / 7 fl oz / weinig 1 kopje kokend water

Droog de eend en wrijf hem van binnen en van buiten in met zout. Roer de knoflook, lente-uitjes, sojasaus en wijn of sherry erdoor en verdeel het mengsel in tweeën. Meng de honing doormidden, wrijf het over de eend en laat het drogen. Voeg water toe aan het resterende honingmengsel. Giet het sojasausmengsel in de holte van de eend en plaats deze op een rooster in een braadpan met een beetje water op de bodem. Bak in een voorverwarmde oven op 180°C/350°F/gasstand 4 gedurende ongeveer 2 uur tot de eend gaar is, bedruip hem rondom met het resterende honingmengsel.

Natte gebraden eend

Voor 4 personen

6 lente-uitjes (lente-uitjes), gehakt
2 plakjes gemberwortel, gehakt
1 eend
2,5 ml / ½ theelepel gemalen anijs
15 ml / 1 eetlepel suiker
45 ml / 3 eetlepels rijstwijn of droge sherry
60 ml / 4 eetlepels sojasaus
250 ml / 8 fl oz / 1 kopje water

Doe de helft van de lente-uitjes en gember in een grote, zware pan. Doe de rest in de holte van de eend en voeg deze toe aan de pan. Voeg alle andere ingrediënten toe, behalve de hoisinsaus, breng aan de kook, dek af en laat ongeveer 1 1/2 uur sudderen, af en toe roeren. Haal de eend uit de pan en laat hem ongeveer 4 uur drogen.

Leg de eend op een rooster in een bakplaat gevuld met een beetje koud water. Bak in een voorverwarmde oven op 230°C/450F/gasstand 8 gedurende 15 minuten, draai dan om en bak nog eens 10 minuten tot ze knapperig zijn. Verwarm ondertussen de bewaarde vloeistof en giet deze over de eend om te serveren.

Gewokte eend met champignons

Voor 4 personen

1 eend

75 ml / 5 eetlepels arachideolie

45 ml / 3 eetlepels rijstwijn of droge sherry

15 ml / 1 eetlepel sojasaus

15 ml / 1 eetlepel suiker

5 ml / 1 theelepel zout

snufje peper

2 teentjes knoflook, geperst

225 g champignons, gehalveerd

600 ml kippenbouillon

15 ml / 1 eetlepel maïsmeel (maïszetmeel)

30 ml / 2 eetlepels water

5 ml / 1 theelepel sesamolie

Snijd de eend in stukjes van 5 cm/2 cm. Verhit 45 ml/3 eetlepels olie en bak de eend tot hij aan alle kanten lichtbruin is. Voeg de wijn of sherry, sojasaus, suiker, zout en peper toe en roerbak 4 minuten. Haal uit de pan. Verhit de resterende olie en bak de knoflook lichtbruin. Voeg de champignons toe en roer tot ze bedekt zijn met olie. Doe het eendmengsel terug in de pan en voeg de bouillon toe. Breng aan de kook, dek af en laat ongeveer 1 uur sudderen tot de eend gaar is. Meng de maïsmeel en het water tot er een pasta ontstaat, roer het door het mengsel en laat al roerend sudderen tot de saus dikker wordt.

Eend met twee champignons

Voor 4 personen

6 gedroogde Chinese paddenstoelen

1 eend

750 ml / 1¼ punten / 3 kopjes kippenbouillon

45 ml / 3 eetlepels rijstwijn of droge sherry

5 ml / 1 theelepel zout

100 g bamboescheuten, in reepjes gesneden

100 g champignonpaddestoelen

Week de champignons 30 minuten in warm water en laat ze uitlekken. Verwijder de stelen en halveer de hoedjes. Doe de eend in een grote hittebestendige kom met de bouillon, wijn of sherry en zout en plaats deze in een pan gevuld met water, zodat de eend tot tweederde van de zijkant van de kom komt. Breng aan de kook, dek af en laat ongeveer 2 uur sudderen tot de eend gaar is. Haal het uit de pan en snijd het vlees van het bot. Giet het kookvocht over in een aparte pan. Schik de bamboescheuten en beide soorten champignons op de bodem van de ovenschaal, plaats het eendenvlees terug, dek af en stoom nog eens 30 minuten. Breng het kookvocht aan de kook en giet het over de eend om te serveren.

Gestoofde eend met uien

Voor 4 personen

4 gedroogde Chinese champignons

1 eend

90 ml / 6 eetlepels sojasaus

60 ml / 4 eetlepels arachideolie

1 lente-ui (lente-ui), gehakt

1 schijfje gemberwortel, gehakt

45 ml / 3 eetlepels rijstwijn of droge sherry

450 g uien, gesneden

100 g bamboescheuten, in plakjes gesneden

15 ml / 1 eetlepel bruine suiker

15 ml / 1 eetlepel maïsmeel (maïszetmeel)

45 ml / 3 eetlepels water

Week de champignons 30 minuten in warm water en laat ze uitlekken. Verwijder de stelen en snijd de hoedjes in stukjes. Wrijf 15 ml/1 eetlepel sojasaus in de eend. Bewaar 15 ml/1 eetlepel olie, verwarm de resterende olie en bak de lente-ui en gember tot ze lichtbruin zijn. Voeg de eend toe en bak tot hij aan alle kanten lichtbruin is. Elimineer overtollig vet. Voeg de wijn of sherry toe, de resterende sojasaus in de pan en voldoende water zodat de eend bijna onder water staat. Breng aan de kook, dek af en laat 1 uur sudderen, af en toe roeren.

Verhit de bewaarde olie en bak de uien tot ze zacht zijn. Haal van het vuur en roer de bamboescheuten en champignons erdoor, voeg toe aan de eend, dek af en laat nog eens 30 minuten sudderen tot de eend gaar is. Haal de eend uit de pan, snij in stukken en schik op een warme serveerschaal. Breng de vloeistoffen in de pan aan de kook, voeg de suiker en het maïsmeel toe en laat al roerend koken tot het mengsel kookt en dikker wordt. Giet over de eend om te serveren.

Eend in sinaasappelsaus

Voor 4 personen

1 eend

3 lente-uitjes (lente-uitjes), in stukjes gesneden

2 plakjes gemberwortel, in reepjes gesneden

1 schijfje sinaasappelschil

zout en versgemalen peper

Doe de eend in een grote pan, bedek hem met water en breng aan de kook. Voeg de lente-uitjes, gember en sinaasappelschil toe, dek af en laat ongeveer 1½ uur sudderen tot de eend gaar is. Breng op smaak met peper en zout, laat uitlekken en serveer.

Geroosterde Eend Met Sinaasappel

Voor 4 personen

1 eend

2 teentjes knoflook, gehalveerd

45 ml / 3 eetlepels arachideolie

1 ui

1 sinaasappel

120 ml / 4 fl oz / ½ kopje rijstwijn of droge sherry

2 plakjes gemberwortel, gehakt

5 ml / 1 theelepel zout

Wrijf de knoflook van binnen en van buiten over de eend en bestrijk hem vervolgens met olie. Prik de gepelde ui in met een vork, plaats deze samen met de ongeschilde sinaasappel in de holte van de eend en prik hem dicht met een spies. Leg de eend op een rooster boven een braadslede gevuld met een beetje heet water en rooster hem in een voorverwarmde oven op 160°C/325°F/gasstand 3 gedurende ongeveer 2 uur. Gooi de vloeistoffen weg en doe de eend terug in de braadpan. Giet er wijn of sherry over en bestrooi met gember en zout. Zet terug in de oven voor nog eens 30 minuten. Verwijder de ui en de sinaasappel en snijd de eend in stukken om te serveren. Giet pan-sappen over eend om te serveren.

Eend met peren en kastanjes

Voor 4 personen

225 g gepelde kastanjes

1 eend

45 ml / 3 eetlepels arachideolie

250 ml / 8 fl oz / 1 kop kippenbouillon

45 ml / 3 eetlepels sojasaus

15 ml / 1 eetlepel rijstwijn of droge sherry

5 ml / 1 theelepel zout

1 schijfje gemberwortel, gehakt

1 grote peer, geschild en in dikke plakjes gesneden

15 ml / 1 eetlepel suiker

Kook de kastanjes gedurende 15 minuten en laat ze uitlekken. Snijd de eend in stukjes van 5 cm/2 cm. Verhit de olie en bak de eend aan alle kanten lichtbruin. Giet de overtollige olie af en voeg dan de bouillon, sojasaus, wijn of sherry, zout en gember toe. Breng aan de kook, dek af en laat 25 minuten koken, af en toe roeren. Voeg de kastanjes toe, dek af en laat nog 15 minuten sudderen. Bestrooi de peer met suiker, doe hem in de pan en laat ongeveer 5 minuten koken tot hij warm is.

Peking eend

Voor 6 personen

1 eend

250 ml / 8 fl oz / 1 kopje water

120 ml / 4 fl oz / ½ kopje honing

120 ml / 4 fl oz / ½ kopje sesamolie

Voor de pannenkoeken:

250 ml / 8 fl oz / 1 kopje water

225 g / 8 oz / 2 kopjes gewone bloem (voor alle doeleinden)

arachideolie (pinda's) om te frituren

Voor duiken:

120 ml / 4 fl oz / ½ kopje hoisinsaus

30 ml / 2 eetlepels bruine suiker

30 ml / 2 eetlepels sojasaus

5 ml / 1 theelepel sesamolie

6 lente-uitjes (lente-uitjes), in de lengte gesneden

1 komkommer, in reepjes gesneden

De eend moet heel zijn en de huid intact. Bind de nek stevig vast met een touwtje en naai of rijg de onderste opening in.

Maak een kleine spleet in de zijkant van je nek, steek er een rietje in en blaas lucht onder de huid totdat deze opzwelt. Hang de eend boven een bakje en laat hem 1 uur hangen.

Breng een pan met water aan de kook, plaats de eend erin en laat hem 1 minuut koken. Haal hem er vervolgens uit en droog hem goed af. Breng het water aan de kook en roer de honing erdoor. Wrijf het mengsel in de huid van de eend totdat deze verzadigd is. Hang de eend ongeveer 8 uur boven een bak op een koele, luchtige plaats, totdat de huid taai is.

Hang de eend op of plaats hem op een rooster boven een bakplaat en rooster hem in een voorverwarmde oven op 180°C/gasstand 4 gedurende ongeveer 1½ uur, regelmatig bedruipend met sesamolie.

Om pannenkoeken te maken, kook je water en voeg je geleidelijk bloem toe. Kneed licht tot een zacht deeg, dek af met een vochtige doek en laat 15 minuten rusten. Rol het uit op een met bloem bestoven deegbord en vorm een lange cilinder. Snijd in plakjes van 2,5 cm/1 inch en druk ze plat tot ongeveer 5 mm/¼ inch dik en bestrijk de bovenkant met olie. Stapel in paren met de geoliede oppervlakken in contact en bestuif de externe delen licht met bloem. Rol de paren uit tot een diameter van ongeveer 10 cm en bak ze in paren ongeveer 1 minuut aan elke kant tot ze lichtbruin zijn. Scheid en stapel tot klaar om te serveren.

Bereid de sauzen door de helft van de hoisinsaus met de suiker te mengen en de overige hoisinsaus met de sojasaus en sesamolie te mengen.

Haal de eend uit de oven, snijd het vel eraf en snijd deze in vierkanten en het vlees in blokjes. Schik op aparte borden en serveer met pannenkoeken, sauzen en bijgerechten.

Gestoofde eend met ananas

Voor 4 personen

1 eend

400 g ananasstukjes uit blik op siroop

45 ml / 3 eetlepels sojasaus

5 ml / 1 theelepel zout

snufje versgemalen peper

Doe de eend in een pan met dikke bodem, bedek hem met water, breng aan de kook, dek af en laat 1 uur sudderen. Giet de ananassiroop af in de pan met de sojasaus, zout en peper, dek af en laat nog 30 minuten koken. Voeg de ananasstukjes toe en laat nog 15 minuten koken tot de eend gaar is.

Gewokte eend met ananas

Voor 4 personen

1 eend

45 ml / 3 eetlepels maïsmeel (maïszetmeel)

45 ml / 3 eetlepels sojasaus

225 g ananas uit blik op siroop

45 ml / 3 eetlepels arachideolie

2 plakjes gemberwortel, in reepjes gesneden

15 ml / 1 eetlepel rijstwijn of droge sherry

5 ml / 1 theelepel zout

Snijd het vlees van het bot en snijd het in stukjes. Meng de sojasaus met 30 ml/2 eetlepels maïzena en roer dit door de eend totdat het goed bedekt is. Laat 1 uur rusten, af en toe roeren. Pureer de ananas en de siroop en verwarm zachtjes in een pan. Meng de resterende maïsmeel met een beetje water, roer het in de pan en laat al roerend sudderen tot de saus dikker wordt. Blijf warm. Verhit de olie en bak de gember lichtbruin, verwijder dan de gember. Voeg de eend toe en bak tot hij aan alle kanten lichtbruin is. Voeg de wijn of sherry en het zout toe en roerbak een paar minuten tot de eend gaar is.

Ananas en gembereend

Voor 4 personen

1 eend

100 g gekonfijte gember op siroop

200 g ananasstukjes uit blik op siroop

5 ml / 1 theelepel zout

15 ml / 1 eetlepel maïsmeel (maïszetmeel)

30 ml / 2 eetlepels water

Doe de eend in een hittebestendige kom en plaats hem in een pan gevuld met water, zodat hij voor tweederde van de zijkant van de kom naar boven komt. Breng aan de kook, dek af en laat ongeveer 2 uur sudderen tot de eend gaar is. Haal de eend eruit en laat iets afkoelen. Verwijder het vel en het bot en snijd de eend in stukjes. Schik ze op een serveerschaal en houd ze warm.

Giet de gember- en ananassiroop af in een pan, voeg het zout, maizena en water toe. Breng al roerend aan de kook en laat al roerend een paar minuten sudderen tot de saus lichter en dikker wordt. Voeg de gember en ananas toe, meng en giet over de eend om te serveren.

Eend met ananas en lychee

Voor 4 personen

4 eendenborsten

15 ml / 1 eetlepel sojasaus

1 teentje steranijs

1 schijfje gemberwortel

arachideolie (pinda's) om te frituren

90 ml / 6 eetlepels wijnazijn

100 g bruine suiker

250 ml kippenbouillon

15 ml / 1 eetlepel ketchup (ketchup)

200 g ananasstukjes uit blik op siroop

15 ml / 1 eetlepel maïsmeel (maïszetmeel)

6 ingeblikte lychees

6 maraschinokersen

Doe de eenden, sojasaus, anijs en gember in een pan en bedek met koud water. Breng aan de kook, schuim af, dek af en laat ongeveer 45 minuten sudderen tot de eend gaar is. Giet af en dep droog. Bak in hete olie tot ze knapperig zijn.

Meng ondertussen de wijnazijn, suiker, bouillon, ketchup en 30 ml/2 eetlepels ananassiroop in een pan, breng aan de kook en laat ongeveer 5 minuten koken tot het mengsel dik is. Roer het fruit erdoor en verwarm het door voordat je het over de eend giet om te serveren.

Eend met varkensvlees en kastanjes

Voor 4 personen

6 gedroogde Chinese paddenstoelen

1 eend

225 g gepelde kastanjes

225 g mager varkensvlees, in blokjes

3 lente-uitjes (lente-uitjes), gehakt

1 schijfje gemberwortel, gehakt

250 ml sojasaus

900 ml / 1½ punt / 3¾ kopjes water

Week de champignons 30 minuten in warm water en laat ze uitlekken. Verwijder de stelen en snijd de hoedjes in stukjes. Doe alles in een grote pan met alle overige ingrediënten, breng aan de kook, dek af en laat ongeveer 1½ uur koken tot de eend gaar is.

Eend met aardappelen

Voor 4 personen

75 ml / 5 eetlepels arachideolie

1 eend

3 teentjes knoflook, geperst

30 ml / 2 eetlepels zwarte bonensaus

10 ml / 2 theelepels zout

1,2 l / 2 pt / 5 kopjes water

2 preien, in dikke plakjes gesneden

15 ml / 1 eetlepel suiker

45 ml / 3 eetlepels sojasaus

60 ml / 4 eetlepels rijstwijn of droge sherry

1 teentje steranijs

900 g aardappelen, in dikke plakjes gesneden

½ krop Chinese bladeren

15 ml / 1 eetlepel maïsmeel (maïszetmeel)

30 ml / 2 eetlepels water

takjes platte peterselie

Verhit 60 ml / 4 eetlepels olie en bak de eend aan alle kanten goudbruin. Bind of naai het nekuiteinde vast en plaats de eend met de nek naar beneden in een diepe kom. Verhit de resterende olie en bak de knoflook lichtbruin. Voeg de zwarte bonensaus en het zout toe en roerbak 1 minuut. Voeg het water, de prei, de suiker, de sojasaus, de wijn of sherry en de steranijs toe en breng aan de kook. Giet 120 ml / 8 fl oz / 1 kopje van het mengsel in de holte van de eend en bind of naai vast om vast te zetten. Breng het resterende mengsel in de pan aan de kook. Voeg de eend en de aardappelen toe, dek af en laat 40 minuten sudderen, waarbij u de eend één keer omdraait. Schik de Chinese bladeren op een serveerschaal. Haal de eend uit de pan, snijd hem in stukken van 5 cm en schik hem op het bord met de aardappelen. Meng de maïsmeel met het water tot een pasta, roer het in de pan en laat al roerend sudderen tot de saus dikker wordt.

Gekookte Rode Eend

Voor 4 personen

1 eend

4 lente-uitjes (sjalotten), in stukjes gesneden

2 plakjes gemberwortel, in reepjes gesneden

90 ml / 6 eetlepels sojasaus

45 ml / 3 eetlepels rijstwijn of droge sherry

10 ml / 2 theelepels zout

10 ml / 2 theelepels suiker

Doe de eend in een pan met dikke bodem, bedek hem met water en breng aan de kook. Voeg de lente-uitjes, gember, wijn of sherry en zout toe, dek af en laat ongeveer 1 uur sudderen. Voeg de suiker toe en laat nog 45 minuten koken tot de eend gaar is. Snijd de eend in plakjes en serveer warm of koud, met of zonder saus.

Geroosterde eend in rijstwijn

Voor 4 personen

1 eend

500 ml / 14 fl oz / 1¾ kopjes rijstwijn of droge sherry

5 ml / 1 theelepel zout

45 ml / 3 eetlepels sojasaus

Doe de eend in een zware pan met de sherry en het zout, breng aan de kook, dek af en laat 20 minuten sudderen. Giet de eend af, bewaar het vocht en wrijf in met sojasaus. Leg ze op een rooster in een bakplaat gevuld met een beetje heet water en laat ze in een voorverwarmde oven op 180°C/gasstand 4 ongeveer 1 uur garen, regelmatig bedruipen met het bewaarde wijnvocht.

Gestoomde eend met rijstwijn

Voor 4 personen

1 eend

4 lente-uitjes (lente-uitjes), gehalveerd

1 schijfje gemberwortel, gehakt

250 ml / 8 fl oz / 1 kopje rijstwijn of droge sherry

30 ml / 2 eetlepels sojasaus

snufje zout

Blancheer de eend 5 minuten in kokend water en laat hem uitlekken. Doe het samen met de overige ingrediënten in een hittebestendige kom. Plaats de kom in een pan gevuld met water, zodat het tweederde van de zijkant van de kom omhoog komt. Breng aan de kook, dek af en laat ongeveer 2 uur sudderen tot de eend gaar is. Verwijder voor het serveren de lente-uitjes en gember.

Langzaam gekookte eend

Voor 4 personen

1 eend

50 g / 2 oz / ½ kopje maïsmeel (maïszetmeel)

frituur olie

2 teentjes knoflook, geperst

30 ml / 2 eetlepels rijstwijn of droge sherry

30 ml / 2 eetlepels sojasaus

5 ml / 1 theelepel geraspte gemberwortel

750 ml / 1 ¼ punten / 3 kopjes kippenbouillon

4 gedroogde Chinese champignons

225 g bamboescheuten, in plakjes gesneden

225 g waterkastanjes, in plakjes gesneden

10 ml / 2 theelepels suiker

snufje peper

5 lente-uitjes (lente-uitjes), in plakjes gesneden

Snijd de eend in portiegrote stukken. Bewaar 30 ml/2 eetlepels maïzena en bestrijk de eend met de resterende maïzena. Stof het overtollige af. Verhit de olie en bak de knoflook en eend tot ze lichtbruin zijn. Haal uit de pan en laat uitlekken op absorberend papier. Doe de eend in een grote pan. Roer de wijn of sherry, 15 ml sojasaus en de gember erdoor. Voeg toe aan de pan en kook op hoog vuur gedurende 2 minuten. Voeg de helft van de bouillon toe, breng aan de kook, dek af en laat ongeveer 1 uur koken tot de eend gaar is.

Week ondertussen de champignons 30 minuten in warm water en laat ze uitlekken. Verwijder de stelen en snijd de hoedjes in stukjes. Voeg de champignons, bamboescheuten en waterkastanjes toe aan de eend en kook, onder regelmatig roeren, gedurende 5 minuten. Schep het vet uit de vloeistof. Meng de resterende bouillon, maïsmeel en sojasaus met de suiker en peper en roer door de pan. Breng al roerend aan de kook en laat ongeveer 5 minuten koken tot de saus is ingedikt. Doe over in een verwarmde serveerschaal en serveer gegarneerd met lente-uitjes.

Gewokte eend

Voor 4 personen

1 eiwit, lichtgeklopt

20 ml / 1½ eetlepel maïsmeel (maïszetmeel)

zout

450 g eendenborst, in dunne plakjes gesneden

45 ml / 3 eetlepels arachideolie

2 lente-uitjes (sjalotten), in reepjes gesneden

1 groene paprika, in reepjes gesneden

5 ml / 1 theelepel rijstwijn of droge sherry

75 ml / 5 eetlepels kippenbouillon

2,5 ml / ½ theelepel suiker

Klop het eiwit los met 15 ml/1 eetlepel maïsmeel en een snufje zout. Voeg de gesneden eend toe en roer tot de eend bedekt is. Verhit de olie en bak de eend gaar en goudbruin. Haal de eend uit de pan en laat alles behalve 30 ml/2 eetlepels olie uitlekken. Voeg de lente-uitjes en de paprika toe en bak 3 minuten. Voeg de wijn of sherry, de bouillon en de suiker toe en breng aan de kook. Meng de resterende maïsmeel met een beetje water, roer door de saus en laat al roerend sudderen tot de saus dikker wordt. Roer de eend erdoor, verwarm door en serveer.

Eend met zoete aardappelen

Voor 4 personen

1 eend

250 ml / 8 fl oz / 1 kopje arachideolie

225 g zoete aardappelen, geschild en in blokjes gesneden

2 teentjes knoflook, geperst

1 schijfje gemberwortel, gehakt

2,5 ml / ½ theelepel kaneel

2,5 ml / ½ theelepel gemalen kruidnagel

een snufje gemalen anijs

5 ml / 1 theelepel suiker

15 ml / 1 eetlepel sojasaus

250 ml / 8 fl oz / 1 kop kippenbouillon

15 ml / 1 eetlepel maïsmeel (maïszetmeel)

30 ml / 2 eetlepels water

Snijd de eend in stukjes van 5 cm/2 cm. Verhit de olie en bak de aardappelen goudbruin. Haal ze uit de pan en laat alles uitlekken, behalve 30 ml/2 eetlepels olie. Voeg de knoflook en gember toe en roerbak 30 seconden. Voeg de eend toe en bak tot hij aan alle kanten lichtbruin is. Voeg de kruiden, suiker, sojasaus en bouillon toe en breng aan de kook. Voeg de aardappelen toe, dek af en laat ongeveer 20 minuten sudderen tot de eend gaar is. Meng het maïsmeel met het water tot een pasta, roer het in de pan en laat al roerend sudderen tot de saus dikker wordt.

Zoetzure eend

Voor 4 personen

1 eend

1,2 L / 2 pt / 5 kopjes kippenbouillon

2 uien

2 wortels

2 teentjes knoflook, in plakjes gesneden

15 ml / 1 eetlepel beitskruid

10 ml / 2 theelepels zout

10 ml / 2 theelepels arachideolie

6 lente-uitjes (lente-uitjes), gehakt

1 mango, geschild en in blokjes gesneden

12 lychees, gehalveerd

15 ml / 1 eetlepel maïsmeel (maïszetmeel)

15 ml / 1 eetlepel wijnazijn

10 ml / 2 theelepels tomatenpuree (concentraat)

15 ml / 1 eetlepel sojasaus

5 ml / 1 theelepel vijfkruidenpoeder

300 ml kippenbouillon

Plaats de eend in een stoommandje boven een pan met de bouillon, uien, wortels, knoflook, pekelkruiden en zout. Dek af en stoom gedurende 2 1/2 uur. Laat de eend afkoelen, dek hem af en zet hem 6 uur in de koelkast. Haal het vlees van de botten en snijd het in blokjes. Verhit de olie en bak de eend en de lente-uitjes krokant. Roer de overige ingrediënten erdoor, breng aan de kook en laat al roerend 2 minuten koken tot de saus is ingedikt.

Mandarijn Eend

Voor 4 personen

1 eend

60 ml / 4 eetlepels arachideolie

1 stuk gedroogde mandarijnschillen

900 ml kippenbouillon

5 ml / 1 theelepel zout

Hang de eend 2 uur te drogen. Verhit de helft van de olie en bak de eend lichtbruin. Breng over naar een grote hittebestendige kom. Verhit de resterende olie en bak de mandarijnenschil gedurende 2 minuten. Plaats deze vervolgens in de eend. Giet de bouillon over de eend en breng op smaak met zout. Zet de kom op een rooster in een stoompan, dek af en stoom ongeveer 2 uur tot de eend gaar is.

Eend met Groenten

Voor 4 personen

1 grote eend, in 16 stukken gesneden

zout

300 ml / ½ pt / 1¼ kopjes water

300 ml / ½ pt / 1¼ kopjes droge witte wijn

120 ml / 4 fl oz / ½ kopje wijnazijn

45 ml / 3 eetlepels sojasaus

30 ml / 2 eetlepels pruimensaus

30 ml / 2 eetlepels hoisinsaus

5 ml / 1 theelepel vijfkruidenpoeder

6 lente-uitjes (lente-uitjes), gehakt

2 wortels, gehakt

5 cm / 2 in witte radijs, gehakt

50 g Chinese kool, in blokjes

versgemalen peper

5 ml / 1 theelepel suiker

Doe de stukken eend in een kom, bestrooi met zout en voeg het water en de wijn toe. Voeg de wijnazijn, sojasaus, pruimensaus, hoisinsaus en vijfkruidenpoeder toe, breng aan de kook, dek af en laat ongeveer 1 uur zachtjes koken. Voeg de groenten toe aan de pan, verwijder het deksel en laat nog 10 minuten koken. Breng op smaak met zout, peper en suiker en laat afkoelen. Dek af en zet een nacht in de koelkast. Schep het vet eraf en verwarm de eend opnieuw in de saus gedurende 20 minuten.

Pittig gestoofd varkensvlees

Voor 4 personen

450 g varkensvlees, in blokjes gesneden

zout en peper

30 ml / 2 eetlepels sojasaus

30 ml / 2 eetlepels hoisinsaus

45 ml / 3 eetlepels arachideolie

120 ml / 4 fl oz / ½ kopje rijstwijn of droge sherry

300 ml kippenbouillon

5 ml / 1 theelepel vijfkruidenpoeder

6 lente-uitjes (lente-uitjes), gehakt

225 g oesterzwammen, in plakjes gesneden

15 ml / 1 eetlepel maïsmeel (maïszetmeel)

Breng het vlees op smaak met zout en peper. Leg het op een bord en meng de sojasaus en de hoisinsaus. Dek af en laat 1 uur marineren. Verhit de olie en bak het vlees goudbruin. Voeg de wijn of sherry, de bouillon en het vijfkruidenpoeder toe, breng aan de kook, dek af en laat 1 uur sudderen. Voeg de lente-uitjes en champignons toe, verwijder het deksel en laat nog 4 minuten sudderen. Meng de maïzena met een beetje water, breng het opnieuw aan de kook en laat al roerend 3 minuten koken tot de saus is ingedikt.

Gestoomde varkensbroodjes

Voor 12

30 ml / 2 eetlepels hoisinsaus
15 ml / 1 eetlepel oestersaus
15 ml / 1 eetlepel sojasaus
2,5 ml / ½ theelepel sesamolie
30 ml / 2 eetlepels arachideolie
10 ml / 2 theelepels geraspte gemberwortel
1 teentje knoflook, geperst
300 ml / ½ pt / 1¼ kopjes water
15 ml / 1 eetlepel maïsmeel (maïszetmeel)
225 g gekookt varkensvlees, fijngehakt
4 lente-uitjes (lente-uitjes), fijngehakt
350 g / 12 oz / 3 kopjes gewone bloem (universeel)
15 ml / 1 eetlepel bakpoeder
2,5 ml / ½ theelepel zout
50 g reuzel
5 ml / 1 theelepel wijnazijn
12 x 13 cm / 5 vierkantjes vetvrij papier

Roer de hoisin-, oester- en sojasauzen en sesamolie erdoor. Verhit de olie en bak de gember en knoflook tot ze lichtbruin zijn. Voeg het sausmengsel toe en bak 2 minuten. Meng 120 ml / 4 fl oz / ½ kopje water met het maïzena en roer het in de pan. Breng al roerend aan de kook en laat sudderen tot het mengsel dikker wordt. Roer het varkensvlees en de uien erdoor en laat afkoelen.

Meng de bloem, bakpoeder en zout door elkaar. Wrijf het reuzel erdoor tot het mengsel op fijn broodkruim lijkt. Meng de wijnazijn en het resterende water en meng dit vervolgens met de bloem tot een stevig deeg. Kneed lichtjes op een met bloem bestoven oppervlak, dek af en laat 20 minuten rusten.

Kneed het deeg opnieuw, verdeel het in 12 en vorm elk deeg tot een bal. Rol het uit tot een ronde lap van 15 cm/6 cm op een met bloem bestoven deegbord. Plaats eetlepels vulling in het midden van elke cirkel, bestrijk de randen met water en knijp de randen samen om de vulling af te dichten. Bestrijk één kant van elk vierkant vetvrij papier met olie. Leg elke sandwich op een vierkant stuk papier met de naad naar beneden. Plaats de broodjes in een enkele laag op een stoomrek boven kokend water. Dek de broodjes af en stoom ze in ongeveer 20 minuten gaar.

Varkensvlees met kool

Voor 4 personen

6 gedroogde Chinese paddenstoelen

30 ml / 2 eetlepels arachideolie

450 g varkensvlees, in reepjes gesneden

2 uien, gesneden

2 rode paprika's, in reepjes gesneden

350 g witte kool, gehakt

2 teentjes knoflook, fijngehakt

2 stuks stemgember, fijngehakt

30 ml / 2 eetlepels honing

45 ml / 3 eetlepels sojasaus

120 ml / 4 fl oz / ½ kopje droge witte wijn

zout en peper

10 ml / 2 theelepels maïsmeel (maïszetmeel)

15 ml / 1 eetlepel water

Week de champignons 30 minuten in warm water en laat ze uitlekken. Verwijder de stelen en snijd de hoedjes in stukjes. Verhit de olie en bak het varkensvlees lichtbruin. Voeg de groenten, knoflook en gember toe en roerbak 1 minuut. Voeg de honing, sojasaus en wijn toe, breng aan de kook, dek af en laat 40 minuten sudderen tot het vlees gaar is. Breng op smaak met zout en peper. Meng de maïsmeel en het water en roer dit door de pan. Breng het geheel onder voortdurend roeren aan de kook en laat het vervolgens 1 minuut koken.

Varkensvlees Met Kool En Tomaten

Voor 4 personen

30 ml / 2 eetlepels arachideolie

450 g mager varkensvlees, in vlokken gesneden

zout en versgemalen peper

1 teentje knoflook, geperst

1 ui, fijngehakt

½ kropkool, versnipperd

450 g tomaten, geschild en in vieren gesneden

250 ml / 8 fl oz / 1 kopje bouillon

30 ml / 2 eetlepels maïsmeel (maïszetmeel)

15 ml / 1 eetlepel sojasaus

60 ml / 4 eetlepels water

Verhit de olie en bak het varkensvlees, zout, peper, knoflook en ui tot ze lichtbruin zijn. Voeg de kool, de tomaten en de bouillon toe, breng aan de kook, dek af en laat 10 minuten koken tot de kool net gaar is. Meng het maïsmeel, de sojasaus en het water tot een pasta, roer het in de pan en laat al roerend sudderen tot de saus lichter en dikker wordt.

Gemarineerd varkensvlees met kool

Voor 4 personen

350 gram buikspek

2 lente-uitjes (lente-uitjes), gehakt

1 schijfje gemberwortel, gehakt

1 kaneelstokje

3 steranijskruidnagels

45 ml / 3 eetlepels bruine suiker

600 ml / 1 pt / 2½ kopjes water

15 ml / 1 eetlepel arachideolie

15 ml / 1 eetlepel sojasaus

5 ml / 1 theelepel tomatenpuree (concentraat)

5 ml / 1 theelepel oestersaus

100 g paksoiharten

100 g paksoi

Snijd het varkensvlees in stukken van 10 cm/4 cm en doe het in een kom. Voeg de lente-uitjes, gember, kaneel, steranijs, suiker en water toe en laat 40 minuten rusten. Verhit de olie, haal het varkensvlees uit de marinade en doe het in de pan. Bak tot het lichtbruin is en voeg dan de sojasaus, tomatenpuree en oestersaus toe. Breng aan de kook en laat ongeveer 30 minuten sudderen tot het varkensvlees gaar is en de vloeistof is ingekookt. Voeg eventueel tijdens het koken nog wat water toe.

Stoom ondertussen de koolharten en paksoi in ongeveer 10 minuten boven kokend water tot ze gaar zijn. Leg ze op een warme serveerschaal, leg het varkensvlees erop en schep de saus erover.

Varkensvlees in Selderij

Voor 4 personen

45 ml / 3 eetlepels arachideolie

1 teentje knoflook, geperst

1 lente-ui (lente-ui), gehakt

1 schijfje gemberwortel, gehakt

225 g mager varkensvlees, in reepjes gesneden

100 g bleekselderij, in dunne plakjes gesneden

45 ml / 3 eetlepels sojasaus

15 ml / 1 eetlepel rijstwijn of droge sherry

5 ml / 1 theelepel maïsmeel (maïszetmeel)

Verhit de olie en bak de knoflook, lente-ui en gember lichtbruin. Voeg het varkensvlees toe en roerbak gedurende 10 minuten tot het bruin is. Voeg de bleekselderij toe en bak 3 minuten. Voeg de overige ingrediënten toe en roerbak 3 minuten.

Varkensvlees Met Kastanjes En Champignons

Voor 4 personen

4 gedroogde Chinese champignons
100 g kastanjes
30 ml / 2 eetlepels arachideolie
2,5 ml / ½ theelepel zout
450 g mager varkensvlees, in blokjes
15 ml / 1 eetlepel sojasaus
375 ml kippenbouillon
100 g waterkastanjes, in plakjes gesneden

Week de champignons 30 minuten in warm water en laat ze uitlekken. Verwijder de stelen en halveer de hoedjes. Blancheer de kastanjes 1 minuut in kokend water en laat ze uitlekken. Verhit de olie en het zout en bak het varkensvlees tot het lichtbruin is. Voeg de sojasaus toe en roerbak 1 minuut. Voeg de bouillon toe en breng aan de kook. Voeg de kastanjes en waterkastanjes toe, breng opnieuw aan de kook, dek af en laat ongeveer 1½ uur sudderen tot het vlees gaar is.

Varkenskotelet Suey

Voor 4 personen

100 g bamboescheuten, in reepjes gesneden

100 g waterkastanjes, in dunne plakjes gesneden

60 ml / 4 eetlepels arachideolie

3 lente-uitjes (lente-uitjes), gehakt

2 teentjes knoflook, geperst

1 schijfje gemberwortel, gehakt

225 g mager varkensvlees, in reepjes gesneden

45 ml / 3 eetlepels sojasaus

15 ml / 1 eetlepel rijstwijn of droge sherry

5 ml / 1 theelepel zout

5 ml / 1 theelepel suiker

versgemalen peper

15 ml / 1 eetlepel maïsmeel (maïszetmeel)

Blancheer de bamboescheuten en waterkastanjes 2 minuten in kokend water, laat ze uitlekken en dep ze droog. Verhit 45 ml / 3 el olie en bak de lente-uitjes, knoflook en gember tot ze lichtbruin zijn. Voeg het varkensvlees toe en roerbak 4 minuten. Haal uit de pan.

Verhit de resterende olie en bak de groenten gedurende 3 minuten. Voeg het varkensvlees, de sojasaus, de wijn of sherry, het zout, de suiker en een snufje peper toe en roerbak 4 minuten. Meng de maïsmeel met een beetje water, roer het in de pan en laat al roerend sudderen tot de saus lichter en dikker wordt.

Varkensvlees Chow Mein

Voor 4 personen

4 gedroogde Chinese champignons
30 ml / 2 eetlepels arachideolie
2,5 ml / ½ theelepel zout
4 lente-uitjes (lente-uitjes), gehakt
225 g mager varkensvlees, in reepjes gesneden
15 ml / 1 eetlepel sojasaus
5 ml / 1 theelepel suiker
3 stengels bleekselderij, gehakt
1 ui, in partjes gesneden
100 g champignons, gehalveerd
120 ml kippenbouillon
gebakken spaghetti

Week de champignons 30 minuten in warm water en laat ze uitlekken. Verwijder de stelen en snijd de hoedjes in stukjes. Verhit de olie en het zout en bak de lente-uitjes tot ze zacht zijn. Voeg het varkensvlees toe en bak tot het lichtbruin is. Meng de sojasaus, suiker, selderij, ui en zowel verse als gedroogde champignons en roerbak ongeveer 4 minuten tot de ingrediënten goed gemengd zijn. Voeg de bouillon toe en laat

3 minuten koken. Voeg de helft van de noedels toe aan de pan en roer voorzichtig, voeg dan de resterende noedels toe en roer tot ze warm zijn.

Geroosterde Varkensvlees Chow Mein

Voor 4 personen

100 g sojascheuten

45 ml / 3 eetlepels arachideolie

100 g Chinese kool, gehakt

225 g gebraden varkensvlees, in plakjes gesneden

5 ml / 1 theelepel zout

15 ml / 1 eetlepel rijstwijn of droge sherry

Blancheer de taugé 4 minuten in kokend water en laat ze uitlekken. Verhit de olie en roerbak de taugé en de kool tot ze zacht zijn. Voeg het varkensvlees, het zout en de sherry toe en roerbak tot het warm is. Voeg de helft van de uitgelekte noedels toe aan de pan en roer voorzichtig tot het warm is. Voeg de resterende noedels toe en roer tot ze warm zijn.

Varkensvlees Met Chutney

Voor 4 personen

5 ml / 1 theelepel vijfkruidenpoeder
5 ml / 1 theelepel kerriepoeder
450 g varkensvlees, in reepjes gesneden
30 ml / 2 eetlepels arachideolie
6 lente-uitjes (lente-uitjes), in reepjes gesneden
1 stengel bleekselderij, in reepjes gesneden
100 g sojascheuten
1 pot 200 g zoete Chinese augurken, in blokjes gesneden
45 ml / 3 eetlepels mangochutney
30 ml / 2 eetlepels sojasaus
30 ml / 2 eetlepels tomatenpuree (pasta)
150 ml / ¼ pt / royale ½ kopje kippenbouillon
10 ml / 2 theelepels maïsmeel (maïszetmeel)

Wrijf de kruiden goed in het varkensvlees. Verhit de olie en bak het vlees gedurende 8 minuten of tot het gaar is. Haal uit de pan. Voeg de groenten toe aan de pan en roerbak 5 minuten. Doe het varkensvlees terug in de koekenpan met alle overige ingrediënten behalve maïsmeel. Roer tot het is opgewarmd.

Meng de maïzena met een beetje water, roer dit in de pan en laat al roerend koken tot de saus is ingedikt.

Varkensvlees met komkommer

Voor 4 personen

225 g mager varkensvlees, in reepjes gesneden
30 ml / 2 eetlepels gewone bloem (universeel)
zout en versgemalen peper
60 ml / 4 eetlepels arachideolie
225 g komkommer, geschild en in plakjes gesneden
30 ml / 2 eetlepels sojasaus

Doe het varkensvlees in de bloem en breng op smaak met zout en peper. Verhit de olie en bak het varkensvlees in ongeveer 5 minuten gaar. Voeg de komkommer en sojasaus toe en roerbak nog 4 minuten. Controleer en pas de smaak aan en serveer met gebakken rijst.

Krokante Varkensvleespakketjes

Voor 4 personen

4 gedroogde Chinese champignons

30 ml / 2 eetlepels arachideolie

225 g varkenshaas, fijngehakt (gemalen)

50 g gepelde garnalen, fijngehakt

15 ml / 1 eetlepel sojasaus

15 ml / 1 eetlepel maïsmeel (maïszetmeel)

30 ml / 2 eetlepels water

8 x loempiaverpakkingen

100 g / 4 oz / 1 kopje maïsmeel (maïszetmeel)

frituur olie

Week de champignons 30 minuten in warm water en laat ze uitlekken. Verwijder de stelen en hak de hoedjes fijn. Verhit de olie en bak de champignons, varkensvlees, garnalen en sojasaus gedurende 2 minuten. Meng de maïzena en het water tot een pasta en roer dit door het mengsel om de vulling te maken.

Snijd de wikkels in reepjes, doe een beetje vulling op het uiteinde van elk velletje, rol het in driehoekjes en sluit het af met een beetje bloem en water. Rijkelijk bestrooien met maïsmeel. Verhit de olie en bak de driehoekjes goudbruin en knapperig. Laat goed uitlekken voordat je het serveert.

Varkensloempia's

Voor 4 personen

225 g mager varkensvlees, in stukjes gesneden

1 schijfje gemberwortel, gehakt

1 lente-ui fijngesneden

15 ml / 1 eetlepel sojasaus

15 ml / 1 eetlepel water

12 x loempia nagelriemen

1 ei, losgeklopt

frituur olie

Roer het varkensvlees, de gember, de ui, de sojasaus en het water erdoor. Plaats een beetje vulling in het midden van elk vel en bestrijk de randen met losgeklopt ei. Vouw de zijkanten naar binnen en rol de loempia van je af, waarbij je de randen afsluit met het ei. Stoom op een rooster in een stoompan gedurende 30 minuten tot het varkensvlees gaar is. Verhit de olie en bak een paar minuten tot ze knapperig en goudbruin zijn.

Loempia's van varkensvlees en garnalen

Voor 4 personen

30 ml / 2 eetlepels arachideolie

225 g mager varkensvlees, in stukjes gesneden

6 lente-uitjes (lente-uitjes), gehakt

225 g taugé

100 g gepelde garnalen, fijngehakt

15 ml / 1 eetlepel sojasaus

2,5 ml / ½ theelepel zout

12 x loempia nagelriemen

1 ei, losgeklopt

frituur olie

Verhit de olie en bak het varkensvlees en de lente-uitjes tot ze lichtbruin zijn. Blancheer intussen de taugé gedurende 2 minuten in kokend water en laat ze vervolgens uitlekken. Voeg de taugé toe aan de pan en roerbak 1 minuut. Voeg de garnalen, sojasaus en zout toe en roerbak 2 minuten. Laat afkoelen.

Plaats een beetje vulling in het midden van elk vel en bestrijk de randen met losgeklopt ei. Vouw de zijkanten naar binnen, rol de loempia's op en sluit de randen af met het ei. Verhit de olie en bak de loempia's knapperig en goudbruin.

Gestoofd varkensvlees met eieren

Voor 4 personen

450 g mager varkensvlees
30 ml / 2 eetlepels arachideolie
1 ui, gehakt
90 ml / 6 eetlepels sojasaus
45 ml / 3 eetlepels rijstwijn of droge sherry
15 ml / 1 eetlepel bruine suiker
3 hardgekookte (hardgekookte) eieren

Breng een pan water aan de kook, voeg het varkensvlees toe, breng het opnieuw aan de kook en kook tot het goed gesloten is. Haal uit de pan, laat goed uitlekken en snij in blokjes. Verhit de olie en bak de ui tot hij zacht wordt. Voeg het varkensvlees toe en roerbak tot het lichtbruin is. Roer de sojasaus, wijn of sherry en suiker erdoor, dek af en laat 30 minuten sudderen, af en toe roeren. Snijd de buitenkant van de eieren lichtjes in en doe ze in de pan, dek af en laat nog eens 30 minuten sudderen.

Vurig varken

Voor 4 personen

450 g varkensfilet, in reepjes gesneden

30 ml / 2 eetlepels sojasaus

30 ml / 2 eetlepels hoisinsaus

5 ml / 1 theelepel vijfkruidenpoeder

15 ml / 1 eetlepel peper

15 ml / 1 eetlepel bruine suiker

15 ml / 1 eetlepel sesamolie

30 ml / 2 eetlepels arachideolie

6 lente-uitjes (lente-uitjes), gehakt

1 groene paprika, in stukjes gesneden

200 g sojascheuten

2 plakjes ananas, in blokjes gesneden

45 ml / 3 eetlepels tomatenketchup (ketchup)

150 ml / ¼ pt / royale ½ kopje kippenbouillon

Doe het vlees in een kom. Meng de sojasaus, hoisinsaus, vijfkruidenpoeder, peper en suiker, giet over het vlees en laat 1 uur marineren. Verhit de olie en bak het vlees totdat het bruin is. Haal uit de pan. Voeg de groenten toe en bak 2 minuten. Voeg de ananas, ketchup en bouillon toe en breng aan de kook. Doe het vlees terug in de pan en verwarm het opnieuw voordat u het serveert.

Gebakken varkenshaasje

Voor 4 personen

350 g varkensfilet, in blokjes
15 ml / 1 eetlepel rijstwijn of droge sherry
15 ml / 1 eetlepel sojasaus
5 ml / 1 theelepel sesamolie
30 ml / 2 eetlepels maïsmeel (maïszetmeel)
frituur olie

Meng het varkensvlees, de wijn of sherry, de sojasaus, de sesamolie en de maïsmeel zodat het varkensvlees bedekt is met een dik beslag. Verhit de olie en bak het varkensvlees in ongeveer 3 minuten knapperig. Haal het varkensvlees uit de pan, verwarm de olie en bak opnieuw ongeveer 3 minuten.

Vijfkruidenvarkensvlees

Voor 4 personen

225 g mager varkensvlees

5 ml / 1 theelepel maïsmeel (maïszetmeel)

2,5 ml / ½ theelepel vijfkruidenpoeder

2,5 ml / ½ theelepel zout

15 ml / 1 eetlepel rijstwijn of droge sherry

20 ml / 2 eetlepels arachideolie

120 ml kippenbouillon

Snijd het varkensvlees in dunne plakjes, tegen de draad in. Meng het varkensvlees met maïsmeel, vijfkruidenpoeder, zout en wijn of sherry en meng goed zodat het varkensvlees bedekt is. Laat 30 minuten rusten, af en toe roeren. Verhit de olie, voeg het varkensvlees toe en roerbak ongeveer 3 minuten. Voeg de bouillon toe, breng aan de kook, dek af en laat 3 minuten koken. Serveer onmiddellijk.

Gestoofd geurig varkensvlees

Voor 6-8 personen

1 stuk mandarijnenschil

45 ml / 3 eetlepels arachideolie

900 g mager varkensvlees, in blokjes

250 ml / 8 fl oz / 1 kopje rijstwijn of droge sherry

120 ml / 4 fl oz / ½ kopje sojasaus

2,5 ml / ½ theelepel anijspoeder

½ kaneelstokje

4 kruidnagels

5 ml / 1 theelepel zout

250 ml / 8 fl oz / 1 kopje water

2 lente-uitjes (lente-uitjes), in plakjes gesneden

1 schijfje gemberwortel, gehakt

Week de mandarijnschillen in water terwijl je het gerecht klaarmaakt. Verhit de olie en bak het varkensvlees lichtbruin. Voeg de wijn of sherry, sojasaus, anijspoeder, kaneel, kruidnagel, zout en water toe. Breng aan de kook, voeg de mandarijnenschil, lente-ui en gember toe. Dek af en laat ongeveer 1 1/2 uur sudderen tot ze gaar zijn, af en toe roeren

en indien nodig nog een beetje kokend water toevoegen.
Verwijder kruiden voor het serveren.

Varkensvlees met gehakte knoflook

Voor 4 personen

450 g buikspek, zonder vel

3 plakjes gemberwortel

2 lente-uitjes (lente-uitjes), gehakt

30 ml / 2 eetlepels gehakte knoflook

30 ml / 2 eetlepels sojasaus

5 ml / 1 theelepel zout

15 ml / 1 eetlepel kippenbouillon

2,5 ml / ½ theelepel chili-olie

4 takjes koriander

Doe het varkensvlees in een pan met de gember en de lente-uitjes, bedek met water, breng aan de kook en laat 30 minuten koken tot het volledig gaar is. Haal ze eruit, laat ze goed uitlekken en snij ze in dunne plakjes van ongeveer 5 cm. Schik de plakjes in een metalen zeef. Breng een pan water aan de kook, voeg de plakjes varkensvlees toe en kook gedurende 3 minuten tot ze warm zijn. Schik op een warme serveerschaal. Meng de knoflook, sojasaus, zout, bouillon en chili-olie en schep dit over het varkensvlees. Serveer gegarneerd met koriander.

Roergebakken varkensvlees met gember

Voor 4 personen

225 g mager varkensvlees
5 ml / 1 theelepel maïsmeel (maïszetmeel)
30 ml / 2 eetlepels sojasaus
30 ml / 2 eetlepels arachideolie
1 schijfje gemberwortel, gehakt
1 lente-ui (lente-ui), in plakjes gesneden
45 ml / 3 eetlepels water
5 ml / 1 theelepel bruine suiker

Snijd het varkensvlees in dunne plakjes, tegen de draad in. Roer de maïzena erdoor, besprenkel met sojasaus en meng opnieuw. Verhit de olie en bak het varkensvlees gedurende 2 minuten tot het goed gesloten is. Voeg de gember en lente-ui toe en bak 1 minuut. Voeg het water en de suiker toe, dek af en laat ongeveer 5 minuten koken tot het gaar is.

Varkensvlees met groene bonen

Voor 4 personen

450 g sperziebonen, in stukjes gesneden

30 ml / 2 eetlepels arachideolie

2,5 ml / ½ theelepel zout

1 schijfje gemberwortel, gehakt

225 g mager varkensvlees, gehakt (gemalen)

120 ml kippenbouillon

75 ml / 5 eetlepels water

2 eieren

15 ml / 1 eetlepel maïsmeel (maïszetmeel)

Blancheer de bonen ongeveer 2 minuten en laat ze uitlekken. Verhit de olie en roerbak het zout en de gember een paar seconden. Voeg het varkensvlees toe en roerbak tot het lichtbruin is. Voeg de bonen toe en roerbak gedurende 30 seconden, bestrijk ze met olie. Roer de bouillon erdoor, breng aan de kook, dek af en laat 2 minuten koken. Klop 30 ml/2 eetlepels water met de eieren en roer dit door de pan. Meng het resterende water met het maizena. Wanneer de eieren beginnen te stollen, roer je de maïsmeel erdoor en kook je tot het mengsel dikker wordt. Serveer onmiddellijk.

Varkensvlees met ham en tofu

Voor 4 personen

4 gedroogde Chinese champignons
5 ml / 1 theelepel arachideolie
100 g gerookte ham, in plakjes
225 g gesneden tofu
225 g mager varkensvlees, in plakjes gesneden
15 ml / 1 eetlepel rijstwijn of droge sherry
zout en versgemalen peper
1 schijfje gemberwortel, gehakt
1 lente-ui (lente-ui), gehakt
10 ml / 2 theelepels maïsmeel (maïszetmeel)
30 ml / 2 eetlepels water

Week de champignons 30 minuten in warm water en laat ze uitlekken. Verwijder de stelen en halveer de hoedjes. Wrijf een hittebestendige kom in met arachideolie. Schik de champignons, ham, tofu en varkensvlees in lagen op het bord, met het varkensvlees erop. Bestrooi met wijn of sherry, zout en peper, gember en lente-ui. Dek af en stoom ongeveer 45 minuten op een rooster boven kokend water tot het gaar is. Giet de saus uit de kom zonder de ingrediënten te verstoren. Voeg voldoende water toe om 250 ml / 8 fl oz / 1 kopje te maken. Meng de maïzena en het water door elkaar en voeg dit toe aan de saus. Doe het mengsel in de kom en laat al roerend sudderen tot de saus lichter en dikker wordt. Giet het varkensvleesmengsel op een warme serveerschaal,

Gebakken varkensspiesjes

Voor 4 personen

450 g varkensfilet, in dunne plakjes gesneden

100 g gekookte ham, in dunne plakjes gesneden

6 waterkastanjes, in dunne plakjes gesneden

30 ml / 2 eetlepels sojasaus

30 ml / 2 eetlepels wijnazijn

15 ml / 1 eetlepel bruine suiker

15 ml / 1 eetlepel oestersaus

een paar druppels chili-olie

45 ml / 3 eetlepels maïsmeel (maïszetmeel)

30 ml / 2 eetlepels rijstwijn of droge sherry

2 losgeklopte eieren

frituur olie

Rijg het varkensvlees, de ham en de waterkastanjes afwisselend op de spiesjes. Meng de sojasaus, wijnazijn, suiker, oestersaus en chili-olie. Giet het over de spiesjes, dek af en laat 3 uur in de koelkast marineren. Meng de maïzena, wijn of sherry en de eieren tot een glad, dik beslag ontstaat.

Draai de spiesen in het beslag zodat ze bedekt zijn. Verhit de olie en bak de spiesjes goudbruin.

Gestoofde varkensschenkel in rode saus

Voor 4 personen
1 grote varkensschenkel
1 l / 1½ pt / 4¼ kopjes kokend water
5 ml / 1 theelepel zout
120 ml / 4 fl oz / ½ kopje wijnazijn
120 ml / 4 fl oz / ½ kopje sojasaus
45 ml / 3 eetlepels honing
5 ml / 1 theelepel jeneverbessen
5 ml / 1 theelepel anijszaad
5 ml / 1 theelepel koriander
60 ml / 4 eetlepels arachideolie
6 lente-uitjes (lente-uitjes), in plakjes gesneden
2 wortels, in dunne plakjes gesneden
1 stengel bleekselderij, in plakjes gesneden
45 ml / 3 eetlepels hoisinsaus
30 ml / 2 eetlepels mangochutney
75 ml / 5 eetlepels tomatenpuree (pasta)
1 teentje knoflook, geperst

60 ml / 4 eetlepels gehakte bieslook

Breng de varkensschenkel aan de kook met het water, zout, wijnazijn, 45 ml / 3 eetlepels sojasaus, honing en kruiden. Voeg de groenten toe, breng opnieuw aan de kook, dek af en laat ongeveer 1½ uur sudderen tot het vlees gaar is. Haal het vlees en de groenten uit de pan, snijd het vlees van het bot en snijd het in blokjes. Verhit de olie en bak het vlees goudbruin. Voeg de groenten toe en roerbak 5 minuten. Voeg de resterende sojasaus, hoisinsaus, chutney, tomatenpuree en knoflook toe. Breng al roerend aan de kook en laat vervolgens 3 minuten sudderen. Serveer bestrooid met bieslook.

Gemarineerd Varkensvlees

Voor 4 personen

450 g mager varkensvlees
1 schijfje gemberwortel, gehakt
1 teentje knoflook, geperst
90 ml / 6 eetlepels sojasaus
15 ml / 1 eetlepel rijstwijn of droge sherry
45 ml / 3 eetlepels arachideolie
1 lente-ui (lente-ui), in plakjes gesneden
15 ml / 1 eetlepel bruine suiker
versgemalen peper

Meng het varkensvlees met de gember, knoflook, 30 ml/2 eetlepels sojasaus en wijn of sherry. Laat 30 minuten rusten, af en toe roeren, en haal het vlees dan uit de marinade. Verhit de olie en bak het varkensvlees lichtbruin. Voeg de lente-ui, de suiker, de resterende sojasaus en een snufje peper toe, dek af en laat ongeveer 45 minuten sudderen tot het varkensvlees gaar is. Snijd het varkensvlees in blokjes en serveer.

Gemarineerde varkenskarbonades

Voor 6 personen

6 varkenskarbonades

1 schijfje gemberwortel, gehakt

1 teentje knoflook, geperst

90 ml / 6 eetlepels sojasaus

30 ml / 2 eetlepels rijstwijn of droge sherry

45 ml / 3 eetlepels arachideolie

2 lente-uitjes (lente-uitjes), gehakt

15 ml / 1 eetlepel bruine suiker

versgemalen peper

Snijd het bot van de karbonades en snijd het vlees in blokjes. Meng de gember, knoflook, 30 ml/2 eetlepels sojasaus en de wijn of sherry, giet het over het varkensvlees en laat 30 minuten marineren, af en toe roeren. Haal het vlees uit de marinade. Verhit de olie en bak het varkensvlees lichtbruin. Voeg de lente-uitjes toe en roerbak 1 minuut. Meng de resterende sojasaus met de suiker en een snufje peper. Roer de saus erdoor, breng aan de kook, dek af en laat ongeveer 30 minuten sudderen tot het varkensvlees gaar is.

Varkensvlees Met Champignons

Voor 4 personen

25 g gedroogde Chinese champignons
30 ml / 2 eetlepels arachideolie
1 teentje knoflook, fijngehakt
225 g mager varkensvlees, in vlokken gesneden
4 lente-uitjes (lente-uitjes), gehakt
15 ml / 1 eetlepel sojasaus
15 ml / 1 eetlepel rijstwijn of droge sherry
5 ml / 1 theelepel sesamolie

Week de champignons 30 minuten in warm water en laat ze uitlekken. Gooi de stelen weg en snijd de hoedjes in stukjes. Verhit de olie en bak de knoflook lichtbruin. Voeg het varkensvlees toe en roerbak tot het bruin is. Meng de lente-uitjes, champignons, sojasaus en wijn of sherry en roerbak 3 minuten. Roer de sesamolie erdoor en serveer onmiddellijk.

Gestoomde vleescake

Voor 4 personen

450 g varkensgehakt (gemalen)
4 waterkastanjes, fijngehakt
225 g champignons, fijngehakt
5 ml / 1 theelepel sojasaus
zout en versgemalen peper
1 ei, lichtgeklopt

Meng alle ingrediënten goed en vorm een platte cake op een bakplaat. Plaats de schaal op een rooster in een stoompan, dek af en stoom gedurende 1 1/2 uur.

Gekookt Varkensvlees Met Champignons

Voor 4 personen

450 g mager varkensvlees, in blokjes
250 ml / 8 fl oz / 1 kopje water
15 ml / 1 eetlepel sojasaus
15 ml / 1 eetlepel rijstwijn of droge sherry
5 ml / 1 theelepel suiker
5 ml / 1 theelepel zout
225 g champignonpaddestoelen

Doe het varkensvlees en het water in een pan en breng het water aan de kook. Dek af en laat 30 minuten koken, giet af en bewaar de bouillon. Doe het varkensvlees terug in de pan en voeg de sojasaus toe. Laat al roerend sudderen tot de sojasaus is opgenomen. Roer de wijn of sherry, suiker en zout erdoor. Giet de bewaarde bouillon erbij, breng aan de kook, dek af en laat ongeveer 30 minuten sudderen, waarbij u het vlees af en toe omdraait. Voeg de champignons toe en laat nog 20 minuten koken.

Varkensvlees met noedelpannenkoek

Voor 4 personen

30 ml / 2 eetlepels arachideolie

5 ml / 2 theelepels zout

225 g mager varkensvlees, in reepjes gesneden

225 g paksoi, gehakt

100 g bamboescheuten, gehakt

100 g champignons, in dunne plakjes gesneden

150 ml / ¼ pt / royale ½ kopje kippenbouillon

10 ml / 2 theelepels maïsmeel (maïszetmeel)

15 ml / 1 eetlepel rijstwijn of droge sherry

15 ml / 1 eetlepel water

noedel pannenkoek

Verhit de olie en bak het zout en het varkensvlees tot het licht gekleurd is. Voeg de kool, bamboescheuten en champignons toe en roerbak 1 minuut. Voeg de bouillon toe, breng aan de kook, dek af en laat 4 minuten koken tot het varkensvlees gaar is. Meng de maïsmeel tot een pasta met de wijn of sherry en water, roer de pan erdoor en laat al roerend sudderen tot de saus lichter en dikker wordt. Giet het mengsel over de deegpannenkoek om te serveren.

Varkensvlees en garnalen met noedelpannenkoek

Voor 4 personen

30 ml / 2 eetlepels arachideolie

5 ml / 1 theelepel zout

4 lente-uitjes (lente-uitjes), gehakt

1 teentje knoflook, geperst

225 g mager varkensvlees, in reepjes gesneden

100 g champignons, in plakjes gesneden

4 stengels bleekselderij, in plakjes gesneden

225 g gepelde garnalen

30 ml / 2 eetlepels sojasaus

10 ml / 1 theelepel maïsmeel (maïszetmeel)

45 ml / 3 eetlepels water

noedel pannenkoek

Verhit de olie en het zout en bak de lente-uitjes en knoflook tot ze zacht zijn. Voeg het varkensvlees toe en roerbak tot het lichtbruin is. Voeg de champignons en de bleekselderij toe en roerbak 2 minuten. Voeg de garnalen toe, besprenkel met sojasaus en roer tot ze warm zijn. Meng de maïsmeel en het water tot een pasta, roer het in de pan en laat al roerend koken tot het heet is. Giet het mengsel over de deegpannenkoek om te serveren.

Varkensvlees met oestersaus

Voor 4-6 personen

450 g mager varkensvlees
15 ml / 1 eetlepel maïsmeel (maïszetmeel)
10 ml / 2 theelepels rijstwijn of droge sherry
Een snufje suiker
45 ml / 3 eetlepels arachideolie
10 ml / 2 theelepels water
30 ml / 2 eetlepels oestersaus
versgemalen peper
1 schijfje gemberwortel, gehakt
60 ml / 4 eetlepels kippenbouillon

Snijd het varkensvlees in dunne plakjes, tegen de draad in. Meng 5 ml/1 theelepel maïzena met de wijn of sherry, suiker en 5 ml/1 theelepel olie, voeg toe aan het varkensvlees en meng goed zodat het bedekt is met een laagje. Meng de overige maïsmeel met het water, de oestersaus en een snufje peper. Verhit de resterende olie en bak de gember 1 minuut. Voeg het varkensvlees toe en roerbak tot het lichtbruin is. Voeg de bouillon en het mengsel van water en oestersaus toe, breng aan de kook, dek af en laat 3 minuten sudderen.

Varkensvlees met pinda's

Voor 4 personen

450 g mager varkensvlees, in blokjes
15 ml / 1 eetlepel maïsmeel (maïszetmeel)
5 ml / 1 theelepel zout
1 eiwit
3 lente-uitjes (lente-uitjes), gehakt
1 teentje knoflook, fijngehakt
1 schijfje gemberwortel, gehakt
45 ml / 3 eetlepels kippenbouillon
15 ml / 1 eetlepel rijstwijn of droge sherry
15 ml / 1 eetlepel sojasaus
10 ml / 2 theelepels zwarte bandmelasse
45 ml / 3 eetlepels arachideolie
½ komkommer, in blokjes gesneden
25 g / 1 oz / ¼ kopje gepelde pinda's
5 ml / 1 theelepel chili-olie

Meng het varkensvlees met de helft van het maïsmeel, het zout en het eiwit en meng het goed zodat het varkensvlees bedekt is. Meng de overgebleven maïsmeel met de lente-uitjes, knoflook, gember, bouillon, wijn of sherry, sojasaus en melasse. Verhit de olie en bak het varkensvlees tot het lichtbruin is en haal het dan uit de pan. Voeg de komkommer toe aan de pan en roerbak een paar minuten. Doe het varkensvlees terug in de pan en schep het lichtjes om. Roer het kruidenmengsel erdoor, breng aan de kook en laat al roerend sudderen tot de saus lichter en dikker wordt. Meng de pinda's en de chili-olie en verwarm opnieuw voor het serveren.

Varkensvlees met paprika

Voor 4 personen

45 ml / 3 eetlepels arachideolie
225 g mager varkensvlees, in blokjes
1 ui, in blokjes gesneden
2 groene paprika's, in blokjes gesneden
½ krop Chinese bladeren, in blokjes gesneden
1 schijfje gemberwortel, gehakt
15 ml / 1 eetlepel sojasaus
15 ml / 1 eetlepel suiker
2,5 ml / ½ theelepel zout

Verhit de olie en bak het varkensvlees in ongeveer 4 minuten goudbruin. Voeg de ui toe en bak ongeveer 1 minuut. Voeg de paprika toe en roerbak 1 minuut. Voeg de Chinese bladeren toe en roerbak 1 minuut. Meng de overige ingrediënten, roer ze door de pan en roerbak nog 2 minuten.

Pittig varkensvlees met augurken

Voor 4 personen

900 g varkensribbetjes

30 ml / 2 eetlepels maïsmeel (maïszetmeel)

45 ml / 3 eetlepels sojasaus

30 ml / 2 eetlepels zoete sherry

5 ml / 1 theelepel geraspte gemberwortel

2,5 ml / ½ theelepel vijfkruidenpoeder

snufje versgemalen peper

frituur olie

60 ml / 4 eetlepels kippenbouillon

Chinese ingemaakte groenten

Maak de karbonades schoon en gooi al het vet en de botten weg. Meng de maïzena, 30 ml/2 el sojasaus, sherry, gember, vijfkruidenpoeder en peper. Giet het varkensvlees erover en roer het volledig door. Dek af en laat 2 uur marineren, af en toe roeren. Verhit de olie en bak het varkensvlees goudbruin en gaar. Laat uitlekken op absorberend papier. Snijd het varkensvlees in dikke plakken, doe het op een warme serveerschaal en houd het warm. Meng de bouillon en de resterende sojasaus in een pan. Breng aan de kook en giet het over de plakjes varkensvlees. Serveer gegarneerd met gemengde augurken.

Varkensvlees met pruimensaus

Voor 4 personen

450 g gestoofd varkensvlees, in blokjes gesneden

2 teentjes knoflook, geperst

zout

60 ml / 4 eetlepels tomatenketchup (ketchup)

30 ml / 2 eetlepels sojasaus

45 ml / 3 eetlepels pruimensaus

5 ml / 1 theelepel kerriepoeder

5 ml / 1 theelepel paprikapoeder

2,5 ml / ½ theelepel versgemalen peper

45 ml / 3 eetlepels arachideolie

6 lente-uitjes (lente-uitjes), in reepjes gesneden

4 wortels, in reepjes gesneden

Marineer het vlees met de knoflook, zout, ketchup, sojasaus, pruimensaus, kerriepoeder, paprika en peper gedurende 30 minuten. Verhit de olie en bak het vlees lichtbruin. Haal uit de wok. Voeg de groenten toe aan de olie en bak tot ze gaar zijn. Doe het vlees terug in de pan en verwarm het zachtjes voor het serveren.

Varkensvlees Met Garnalen

Voor 6-8 personen

900 g mager varkensvlees

30 ml / 2 eetlepels arachideolie

1 ui, gesneden

1 lente-ui (lente-ui), gehakt

2 teentjes knoflook, geperst

30 ml / 2 eetlepels sojasaus

50 g gepelde garnalen, fijngehakt

(Aarde)

600 ml / 1 pt / 2½ kopjes kokend water

15 ml / 1 eetlepel suiker

Breng een pan water aan de kook, voeg het varkensvlees toe, dek af en laat 10 minuten koken. Haal ze uit de pan, laat ze goed uitlekken en snijd ze in blokjes. Verhit de olie en bak de ui, lente-ui en knoflook licht goudbruin. Voeg het varkensvlees toe en bak tot het lichtbruin is. Voeg de sojasaus en garnalen toe en roerbak 1 minuut. Voeg het kokende water en de suiker toe, dek af en laat ongeveer 40 minuten sudderen tot het varkensvlees gaar is.

Varkensvlees gekookt in rood

Voor 4 personen

675 g mager varkensvlees in blokjes
250 ml / 8 fl oz / 1 kopje water
1 schijfje gemberwortel, geplet
60 ml / 4 eetlepels sojasaus
15 ml / 1 eetlepel rijstwijn of droge sherry
5 ml / 1 theelepel zout
10 ml / 2 theelepels bruine suiker

Doe het varkensvlees en het water in een pan en breng het water aan de kook. Voeg de gember, sojasaus, sherry en zout toe, dek af en laat 45 minuten sudderen. Voeg de suiker toe, draai het vlees om, dek af en laat nog 45 minuten sudderen tot het varkensvlees gaar is.

Varkensvlees in rode saus

Voor 4 personen

30 ml / 2 eetlepels arachideolie

225 g varkensnier, in reepjes gesneden

450 g varkensvlees, in reepjes gesneden

1 ui, gesneden

4 lente-uitjes (lente-uitjes), in reepjes gesneden

2 wortels, in reepjes gesneden

1 stengel bleekselderij, in reepjes gesneden

1 rode paprika, in reepjes gesneden

45 ml / 3 eetlepels sojasaus

45 ml / 3 eetlepels droge witte wijn

300 ml kippenbouillon

30 ml / 2 eetlepels pruimensaus

30 ml / 2 eetlepels wijnazijn

5 ml / 1 theelepel vijfkruidenpoeder

5 ml / 1 theelepel bruine suiker

15 ml / 1 eetlepel maïsmeel (maïszetmeel)

15 ml / 1 eetlepel water

Verhit de olie en bak de nieren 2 minuten, haal ze dan uit de pan. Verhit de olie en bak het varkensvlees lichtbruin. Voeg de groenten toe en roerbak 3 minuten. Voeg de sojasaus, wijn, bouillon, pruimensaus, wijnazijn, vijfkruidenpoeder en suiker toe, breng aan de kook, dek af en laat 30 minuten koken tot het gaar is. Voeg de nieren toe. Meng de maïsmeel en het water en roer dit door de pan. Breng aan de kook en laat al roerend sudderen tot de saus dikker wordt.

Varkensvlees met rijstnoedels

Voor 4 personen

4 gedroogde Chinese champignons
100 g rijstnoedels
225 g mager varkensvlees, in reepjes gesneden
15 ml / 1 eetlepel maïsmeel (maïszetmeel)
15 ml / 1 eetlepel sojasaus
15 ml / 1 eetlepel rijstwijn of droge sherry
45 ml / 3 eetlepels arachideolie
2,5 ml / ½ theelepel zout
1 schijfje gemberwortel, gehakt
2 stengels bleekselderij, gehakt
120 ml kippenbouillon
2 lente-uitjes (lente-uitjes), in plakjes gesneden

Week de champignons 30 minuten in warm water en laat ze uitlekken. Gooi de stengels weg en snijd de doppen in plakjes. Week de noedels gedurende 30 minuten in warm water, laat ze uitlekken en snijd ze in stukjes van 5 cm/2 cm. Doe het varkensvlees in een kom. Meng het maïsmeel, de sojasaus en de wijn of sherry, giet het over het varkensvlees en roer het door elkaar. Verhit de olie en bak het zout en de gember een paar seconden. Voeg het varkensvlees toe en roerbak tot het lichtbruin is. Voeg de champignons en de bleekselderij toe en roerbak 1 minuut. Voeg de bouillon toe, breng aan de kook, dek af en laat 2 minuten koken. Voeg de noedels toe en verwarm gedurende 2 minuten. Roer de lente-uitjes erdoor en serveer direct.

Rijke varkensgehaktballetjes

Voor 4 personen

450 g varkensgehakt (gemalen)
100 g gepureerde tofu
4 waterkastanjes, fijngehakt
zout en versgemalen peper
120 ml / 4 fl oz / ½ kopje arachideolie
1 schijfje gemberwortel, gehakt
600 ml kippenbouillon
15 ml / 1 eetlepel sojasaus
5 ml / 1 theelepel bruine suiker
5 ml / 1 theelepel rijstwijn of droge sherry

Roer het varkensvlees, de tofu en de kastanjes erdoor en breng op smaak met zout en peper. Vorm grote ballen. Verhit de olie en bak de varkensgehaktballetjes aan alle kanten goudbruin en haal ze vervolgens uit de pan. Giet de olie af, behalve 15 ml/1 eetlepel, en voeg de gember, bouillon, sojasaus, suiker en wijn of sherry toe. Doe de gehaktballetjes terug in de pan, breng aan de kook en laat 20 minuten koken tot ze volledig gaar zijn.

Geroosterde varkenskarbonades

Voor 4 personen

4 varkenskarbonades
75 ml / 5 eetlepels sojasaus
frituur olie
100 g stengels bleekselderij
3 lente-uitjes (lente-uitjes), gehakt
1 schijfje gemberwortel, gehakt
15 ml / 1 eetlepel rijstwijn of droge sherry
120 ml kippenbouillon
zout en versgemalen peper
5 ml / 1 theelepel sesamolie

Dompel de karbonades in de sojasaus tot ze goed bedekt zijn. Verhit de olie en bak de karbonades goudbruin. Verwijder en laat goed uitlekken. Schik de bleekselderij op de bodem van een ondiepe ovenschaal. Bestrooi met de lente-uitjes en gember en leg de karbonades erop. Giet de wijn of sherry en de bouillon erover en breng op smaak met peper en zout. Bestrooi met sesamolie. Bak in een voorverwarmde oven op 200°C/400°C/gasstand 6 gedurende 15 minuten.

Pittig varkensvlees

Voor 4 personen

1 komkommer, in blokjes gesneden

zout

450 g mager varkensvlees, in blokjes

5 ml / 1 theelepel zout

45 ml / 3 eetlepels sojasaus

30 ml / 2 eetlepels rijstwijn of droge sherry

30 ml / 2 eetlepels maïsmeel (maïszetmeel)

15 ml / 1 eetlepel bruine suiker

60 ml / 4 eetlepels arachideolie

1 schijfje gemberwortel, gehakt

1 teentje knoflook, fijngehakt

1 rode chilipeper, ontpit en gehakt

60 ml / 4 eetlepels kippenbouillon

Bestrooi de komkommer met zout en laat het opzij liggen. Meng het varkensvlees, het zout, 15 ml/1 eetlepel sojasaus, 15 ml/1 eetlepel wijn of sherry, 15 ml/1 eetlepel maïzena, bruine suiker en 15 ml/1 eetlepel olie. Laat 30 minuten rusten en haal het vlees dan uit de marinade. Verhit de resterende olie en bak het varkensvlees tot het lichtbruin is. Voeg de gember, knoflook en chili toe en roerbak 2 minuten. Voeg de komkommer toe en roerbak 2 minuten. Roer de bouillon en de resterende sojasaus, wijn of sherry en maïsmeel door de marinade. Meng alles in de pan en breng al roerend aan de kook. Kook op een laag vuur, al roerend,

Gladde plakjes varkensvlees

Voor 4 personen

225 g mager varkensvlees, in plakjes gesneden
2 eiwitten
15 ml / 1 eetlepel maïsmeel (maïszetmeel)
45 ml / 3 eetlepels arachideolie
50 g bamboescheuten, in plakjes gesneden
6 lente-uitjes (lente-uitjes), gehakt
2,5 ml / ½ theelepel zout
15 ml / 1 eetlepel rijstwijn of droge sherry
150 ml / ¼ pt / royale ½ kopje kippenbouillon

Meng het varkensvlees met het eiwit en de maïsmeel tot het goed bedekt is. Verhit de olie en bak het varkensvlees tot het lichtbruin is en haal het vervolgens uit de pan. Voeg de bamboescheuten en lente-uitjes toe en bak 2 minuten. Doe het varkensvlees terug in de pan met het zout, de wijn of sherry en de kippenbouillon. Breng aan de kook en laat al roerend 4 minuten koken tot het varkensvlees gaar is.

Varkensvlees met spinazie en wortelen

Voor 4 personen

225 g mager varkensvlees

2 wortels, in reepjes gesneden

225 g spinazie

45 ml / 3 eetlepels arachideolie

1 lente-ui (lente-ui), fijngehakt

15 ml / 1 eetlepel sojasaus

2,5 ml / ½ theelepel zout

10 ml / 2 theelepels maïsmeel (maïszetmeel)

30 ml / 2 eetlepels water

Snijd het varkensvlees in dunne plakjes tegen de draad in en snijd het in reepjes. Blancheer de wortels ongeveer 3 minuten en laat ze uitlekken. Snijd de spinazieblaadjes doormidden. Verhit de olie en bak de lente-ui tot ze glazig is. Voeg het varkensvlees toe en roerbak tot het lichtbruin is. Voeg de wortels en de sojasaus toe en roerbak 1 minuut. Voeg het zout en de spinazie toe en roerbak ongeveer 30 seconden tot het zacht begint te worden. Meng de maïzena en het water tot een pasta, roer dit door de saus, roerbak tot het bleek is en serveer onmiddellijk.

Gestoomd varkensvlees

Voor 4 personen

450 g mager varkensvlees, in blokjes
120 ml / 4 fl oz / ½ kopje sojasaus
120 ml / 4 fl oz / ½ kopje rijstwijn of droge sherry
15 ml / 1 eetlepel bruine suiker

Meng alle ingrediënten en doe ze in een hittebestendige kom. Stoom op een rooster boven kokend water gedurende ongeveer 1 1/2 uur tot het gaar is.

Geroerbakt varkensvlees

Voor 4 personen

25 g gedroogde Chinese champignons
15 ml / 1 eetlepel arachideolie
450 g mager varkensvlees, in plakjes gesneden
1 groene paprika, in blokjes gesneden
15 ml / 1 eetlepel sojasaus
15 ml / 1 eetlepel rijstwijn of droge sherry
5 ml / 1 theelepel zout
5 ml / 1 theelepel sesamolie

Week de champignons 30 minuten in warm water en laat ze uitlekken. Gooi de stelen weg en snijd de hoedjes in stukjes. Verhit de olie en bak het varkensvlees tot het lichtbruin is. Voeg peper toe en roerbak 1 minuut. Voeg de champignons, sojasaus, wijn of sherry en zout toe en roerbak een paar minuten tot het vlees gaar is. Roer voor het serveren de sesamolie erdoor.

Varkensvlees Met Zoete Aardappelen

Voor 4 personen

frituur olie

2 grote zoete aardappelen, in plakjes gesneden

30 ml / 2 eetlepels arachideolie

1 plakje gemberwortel, in plakjes gesneden

1 ui, gesneden

450 g mager varkensvlees, in blokjes

15 ml / 1 eetlepel sojasaus

2,5 ml / ½ theelepel zout

versgemalen peper

250 ml / 8 fl oz / 1 kop kippenbouillon

30 ml / 2 eetlepels kerriepoeder

Verhit de olie en bak de zoete aardappelen goudbruin. Haal uit de pan en laat goed uitlekken. Verhit de arachideolie (pindaolie) en bak de gember en ui lichtbruin. Voeg het varkensvlees toe en roerbak tot het lichtbruin is. Voeg de sojasaus, het zout en een snufje peper toe, roer de bouillon en het kerriepoeder erdoor, breng aan de kook en laat al roerend 1 minuut koken. Voeg de gebakken aardappelen toe, dek af en laat 30 minuten sudderen tot het varkensvlees gaar is.

Zoetzuur varken

Voor 4 personen

450 g mager varkensvlees, in blokjes
15 ml / 1 eetlepel rijstwijn of droge sherry
15 ml / 1 eetlepel arachideolie
5 ml / 1 theelepel kerriepoeder
1 ei, losgeklopt
zout
100 g maïsmeel (maïszetmeel)
frituur olie
1 teentje knoflook, geperst
75 g / 3 oz / ½ kopje suiker
50 g tomatenketchup (ketchup)
5 ml / 1 theelepel wijnazijn
5 ml / 1 theelepel sesamolie

Meng het varkensvlees met de wijn of sherry, olie, kerriepoeder, ei en een beetje zout. Roer het maïsmeel erdoor totdat het varkensvlees bedekt is met het beslag. Verhit de olie tot deze rookt en voeg dan de varkensblokjes een paar keer toe. Bak ongeveer 3 minuten, giet af en zet opzij. Verhit de olie en bak de blokjes opnieuw ongeveer 2 minuten. Verwijderen en laten uitlekken. Verhit de knoflook, suiker, ketchup en wijnazijn en roer tot de suiker is opgelost. Breng aan de kook, voeg de varkensblokjes toe en meng goed. Roer de sesamolie erdoor en serveer.

Gezouten varkensvlees

Voor 4 personen

30 ml / 2 eetlepels arachideolie

450 g mager varkensvlees, in blokjes

3 lente-uitjes (lente-uitjes), in plakjes gesneden

2 teentjes knoflook, geperst

1 schijfje gemberwortel, gehakt

250 ml sojasaus

30 ml / 2 eetlepels rijstwijn of droge sherry

30 ml / 2 eetlepels bruine suiker

5 ml / 1 theelepel zout

600 ml / 1 pt / 2½ kopjes water

Verhit de olie en bak het varkensvlees goudbruin. Giet overtollige olie af, voeg de lente-uitjes, knoflook en gember toe en bak 2 minuten. Voeg de sojasaus, wijn of sherry, suiker en zout toe en meng goed. Voeg water toe, breng aan de kook, dek af en laat 1 uur sudderen.

Varkensvlees met Tofu

Voor 4 personen

450 g mager varkensvlees

45 ml / 3 eetlepels arachideolie

1 ui, gesneden

1 teentje knoflook, geperst

225 g tofublokjes

375 ml kippenbouillon

15 ml / 1 eetlepel bruine suiker

60 ml / 4 eetlepels sojasaus

2,5 ml / ½ theelepel zout

Doe het varkensvlees in een pan en bedek het met water. Breng aan de kook en laat 5 minuten koken. Giet ze af, laat ze afkoelen en snij ze vervolgens in blokjes.

Verhit de olie en bak de ui en knoflook tot ze lichtbruin zijn. Voeg het varkensvlees toe en bak tot het lichtbruin is. Voeg de tofu toe en roer voorzichtig totdat deze bedekt is met olie. Voeg de bouillon, suiker, sojasaus en zout toe, breng aan de kook, dek af en laat ongeveer 40 minuten sudderen tot het varkensvlees gaar is.

Zacht Gebakken Varkensvlees

Voor 4 personen

225 g varkensfilet, in blokjes

1 eiwit

30 ml / 2 eetlepels rijstwijn of droge sherry

zout

225 g maïsmeel (maïszetmeel)

frituur olie

Meng het varkensvlees met het eiwit, de wijn of sherry en een beetje zout. Voeg geleidelijk voldoende maïsmeel toe om een dik beslag te maken. Verhit de olie en bak het varkensvlees goudbruin, knapperig van buiten en zacht van binnen.

Tweemaal gekookt varkensvlees

Voor 4 personen

225 g mager varkensvlees

45 ml / 3 eetlepels arachideolie

2 groene paprika's, in stukjes gesneden

2 teentjes knoflook, fijngehakt

2 lente-uitjes (lente-uitjes), in plakjes gesneden

15 ml / 1 eetlepel pikante bonensaus

15 ml / 1 eetlepel kippenbouillon

5 ml / 1 theelepel suiker

Doe het stuk varkensvlees in een pan, bedek het met water, breng het aan de kook en laat het 20 minuten koken tot het volledig gaar is. Verwijder en laat uitlekken en laat afkoelen. Snijd dun.

Verhit de olie en bak het varkensvlees tot het lichtbruin is. Voeg de paprika, knoflook en lente-uitjes toe en bak 2 minuten. Haal uit de pan. Voeg de bonensaus, de bouillon en de suiker toe aan de pan en laat al roerend 2 minuten sudderen. Doe het varkensvlees en de paprika's terug en roerbak tot ze warm zijn. Serveer onmiddellijk.

Varkensvlees met groenten

Voor 4 personen

2 teentjes knoflook, geperst

5 ml / 1 theelepel zout

2,5 ml / ½ theelepel versgemalen peper

30 ml / 2 eetlepels arachideolie

30 ml / 2 eetlepels sojasaus

225 g broccoliroosjes

200 g bloemkoolroosjes

1 rode paprika, in blokjes gesneden

1 ui, gehakt

2 sinaasappels, geschild en in blokjes gesneden

1 stuk stengelgember, gehakt

30 ml / 2 eetlepels maïsmeel (maïszetmeel)

300 ml / ½ pt / 1¼ kopjes water

20 ml / 2 eetlepels wijnazijn

15 ml / 1 eetlepel honing

een snufje gemalen gember

2,5 ml / ½ theelepel komijn

Pureer de knoflook, zout en peper door het vlees. Verhit de olie en bak het vlees totdat het lichtbruin is. Haal uit de pan.

Voeg de sojasaus en de groenten toe aan de pan en roerbak tot ze gaar maar nog steeds knapperig zijn. Voeg de sinaasappelen en gember toe. Meng de maïsmeel en het water en roer dit met de wijnazijn, honing, gember en komijn in de pan. Breng aan de kook en laat al roerend 2 minuten koken. Doe het varkensvlees terug in de pan en verwarm het opnieuw voordat je het serveert.

Varkensvlees met walnoten

Voor 4 personen

50 g / 2 oz / ½ kopje noten
225 g mager varkensvlees, in reepjes gesneden
30 ml / 2 eetlepels gewone bloem (universeel)
30 ml / 2 eetlepels bruine suiker
30 ml / 2 eetlepels sojasaus
frituur olie
15 ml / 1 eetlepel arachideolie

Blancheer de walnoten 2 minuten in kokend water en laat ze uitlekken. Meng het varkensvlees met de bloem, suiker en 15 ml sojasaus tot een gladde massa. Verhit de olie en bak het varkensvlees krokant en goudbruin. Laat uitlekken op absorberend papier. Verhit de arachideolie (pindaolie) en bak de noten goudbruin. Voeg het varkensvlees toe aan de pan, besprenkel met de resterende sojasaus en roerbak tot het warm is.

Varkensvleesknoedels

Voor 4 personen

450 g varkensgehakt (gemalen)
1 lente-ui (lente-ui), gehakt
225 g gemengde groenten, gehakt
30 ml / 2 eetlepels sojasaus
5 ml / 1 theelepel zout
40 wontonhuiden
frituur olie

Verhit een pan en bak het varkensvlees en de lente-ui tot ze lichtbruin zijn. Haal van het vuur en roer de groenten, sojasaus en zout erdoor.

Om de wontons te vouwen, houdt u de huid in de palm van uw linkerhand en lepelt u een beetje vulling in het midden. Bevochtig de randen met het ei en vouw de huid in een driehoek, zodat de randen dicht zijn. Bevochtig de hoeken met het ei en draai ze samen.

Verhit de olie en bak de wontons met een paar tegelijk goudbruin. Laat goed uitlekken voordat je het serveert.

Varkensvlees Met Waterkastanjes

Voor 4 personen

45 ml / 3 eetlepels arachideolie

1 teentje knoflook, geperst

1 lente-ui (lente-ui), gehakt

1 schijfje gemberwortel, gehakt

225 g mager varkensvlees, in reepjes gesneden

100 g waterkastanjes, in dunne plakjes gesneden

45 ml / 3 eetlepels sojasaus

15 ml / 1 eetlepel rijstwijn of droge sherry

5 ml / 1 theelepel maïsmeel (maïszetmeel)

Verhit de olie en bak de knoflook, lente-ui en gember lichtbruin. Voeg het varkensvlees toe en roerbak gedurende 10 minuten tot het bruin is. Voeg de waterkastanjes toe en roerbak 3 minuten. Voeg de overige ingrediënten toe en roerbak 3 minuten.

Wontons van varkensvlees en garnalen

Voor 4 personen

225 g gehakt varkensvlees (gemalen)
2 lente-uitjes (lente-uitjes), gehakt
100 g gemengde groenten, gehakt
100 g gehakte champignons
225 g gepelde garnalen, fijngehakt
15 ml / 1 eetlepel sojasaus
2,5 ml / ½ theelepel zout
40 wontonhuiden
frituur olie

Verhit een pan en bak het varkensvlees en de lente-uitjes tot ze lichtbruin zijn. Voeg de andere ingrediënten toe.

Om de wontons te vouwen, houdt u de huid in de palm van uw linkerhand en lepelt u een beetje vulling in het midden. Bevochtig de randen met het ei en vouw de huid in een driehoek, zodat de randen dicht zijn. Bevochtig de hoeken met het ei en draai ze samen.

Verhit de olie en bak de wontons met een paar tegelijk goudbruin. Laat goed uitlekken voordat je het serveert.

Gestoomde Gehaktballetjes

Voor 4 personen

2 teentjes knoflook, geperst
2,5 ml / ½ theelepel zout
450 g varkensgehakt (gemalen)
1 ui, gehakt
1 rode paprika, gehakt
1 groene paprika, gehakt
2 stuks stemgember, fijngehakt
5 ml / 1 theelepel kerriepoeder
5 ml / 1 theelepel paprikapoeder
1 ei, losgeklopt
45 ml / 3 eetlepels maïsmeel (maïszetmeel)
50 g kortkorrelige rijst
zout en versgemalen peper
60 ml / 4 eetlepels gehakte bieslook

Roer de knoflook, zout, varkensvlees, ui, paprika, gember, kerriepoeder en paprika erdoor. Werk het ei door het mengsel met de maizena en de rijst. Breng op smaak met peper en zout en roer de bieslook erdoor. Vorm met natte handen het mengsel tot kleine balletjes. Doe ze in een stoommandje, dek af en kook ze boven kokend water gedurende 20 minuten tot ze gaar zijn.

Ribben met zwarte bonensaus

Voor 4 personen

900 g varkensribbetjes
2 teentjes knoflook, geperst
2 lente-uitjes (lente-uitjes), gehakt
30 ml / 2 eetlepels zwarte bonensaus
30 ml / 2 eetlepels rijstwijn of droge sherry
15 ml / 1 eetlepel water
30 ml / 2 eetlepels sojasaus
15 ml / 1 eetlepel maïsmeel (maïszetmeel)
5 ml / 1 theelepel suiker
120 ml ½ kopje water
30 ml / 2 eetlepels olie
2,5 ml / ½ theelepel zout
120 ml kippenbouillon

Snijd de ribben in stukken van 2,5 cm/1 inch. Roer de knoflook, lente-uitjes, zwarte bonensaus, wijn of sherry, water en 15 ml/1 el sojasaus erdoor. Meng de resterende sojasaus met het maizena, de suiker en het water. Verhit de olie en het zout en bak de ribben goudbruin. Giet de olie af. Voeg het knoflookmengsel toe en roerbak 2 minuten. Voeg de bouillon toe, breng aan de kook, dek af en laat 4 minuten koken. Roer het maïsmeelmengsel erdoor en laat al roerend sudderen tot de saus lichter en dikker wordt.

Gegrilde ribben

Voor 4 personen

3 teentjes knoflook, geperst
75 ml / 5 eetlepels sojasaus
60 ml / 4 eetlepels hoisinsaus
60 ml / 4 eetlepels rijstwijn of droge sherry
45 ml / 3 eetlepels bruine suiker
30 ml / 2 eetlepels tomatenpuree (pasta)
900 g varkensribbetjes
15 ml / 1 eetlepel honing

Meng de knoflook, sojasaus, hoisinsaus, wijn of sherry, bruine suiker en tomatenpuree, giet over de ribben, dek af en laat een nacht marineren.

Giet de ribben af en plaats ze op een rooster in een ovenschaal met een beetje water eronder. Bak in een voorverwarmde oven op 180°C/350°F/gasstand 4 gedurende 45 minuten, bedruip af en toe met de marinade en bewaar 30 ml/2 eetlepels marinade. Meng de bewaarde marinade met de honing en bestrijk de ribben. Barbecue of grill (grill) onder een hete grill gedurende ongeveer 10 minuten.

Gegrilde esdoornribben

Voor 4 personen

900 g varkensribbetjes

60 ml / 4 eetlepels ahornsiroop

5 ml / 1 theelepel zout

5 ml / 1 theelepel suiker

45 ml / 3 eetlepels sojasaus

15 ml / 1 eetlepel rijstwijn of droge sherry

1 teentje knoflook, geperst

Snijd de ribben in stukken van 5 cm/2 cm en doe ze in een kom. Meng alle ingrediënten door elkaar, voeg de ribben toe en meng goed. Dek af en laat een nacht marineren. Grill (grill) of rooster op middelhoog vuur gedurende ongeveer 30 minuten.

Gebakken ribben

Voor 4 personen

900 g varkensribbetjes

120 ml / 4 fl oz / ½ kopje tomatenketchup (ketchup)

120 ml / 4 fl oz / ½ kopje wijnazijn

60 ml / 4 eetlepels mangochutney

45 ml / 3 eetlepels rijstwijn of droge sherry

2 teentjes knoflook, fijngehakt

5 ml / 1 theelepel zout

45 ml / 3 eetlepels sojasaus

30 ml / 2 eetlepels honing

15 ml / 1 eetlepel zoete kerriepoeder

15 ml / 1 eetlepel paprikapoeder

frituur olie

60 ml / 4 eetlepels gehakte bieslook

Doe de ribben in een kom. Meng alle ingrediënten behalve de olie en de bieslook, giet het over de ribben, dek af en laat minimaal 1 uur marineren. Verhit de olie en bak de ribben krokant. Serveer bestrooid met bieslook.

Ribben met prei

Voor 4 personen

450 g varkensribbetjes

frituur olie

250 ml / 8 fl oz / 1 kopje bouillon

30 ml / 2 eetlepels tomatenketchup (ketchup)

2,5 ml / ½ theelepel zout

2,5 ml / ½ theelepel suiker

2 preien, in stukjes gesneden

6 lente-uitjes (lente-uitjes), in stukjes gesneden

50 g broccoliroosjes

5 ml / 1 theelepel sesamolie

Snijd de ribben in stukjes van 5 cm/2 cm, verwarm de olie en bak de ribben tot ze bruin beginnen te worden. Haal ze uit de pan en giet er alles behalve 30 ml/2 eetlepels olie in. Voeg bouillon, ketchup, zout en suiker toe, breng aan de kook en laat 1 minuut koken. Doe de ribben terug in de pan en laat ze ongeveer 20 minuten sudderen tot ze gaar zijn.

Verhit ondertussen nog eens 30 ml/2 eetlepels olie en bak de prei, lente-uitjes en broccoli ongeveer 5 minuten. Besprenkel met sesamolie en schik rond een warme serveerschaal. Giet de ribben en de saus in het midden en serveer.

Ribben Met Champignons

Voor 4-6 personen

6 gedroogde Chinese paddenstoelen
900 g varkensribbetjes
2 steranijskruidnagels
45 ml / 3 eetlepels sojasaus
5 ml / 1 theelepel zout
15 ml / 1 eetlepel maïsmeel (maïszetmeel)

Week de champignons 30 minuten in warm water en laat ze uitlekken. Gooi de stengels weg en snijd de doppen in plakjes. Snijd de ribben in stukken van 5 cm, breng een pan water aan de kook, voeg de ribben toe en laat 15 minuten koken. Goed laten uitlekken. Doe de ribben terug in de pan en bedek ze met koud water. Voeg de champignons, steranijs, sojasaus en zout toe. Breng aan de kook, dek af en laat ongeveer 45 minuten sudderen tot het vlees gaar is. Meng de maïsmeel met een beetje koud water, roer het in de pan en laat al roerend sudderen tot de saus lichter en dikker wordt.

Ribben met sinaasappel

Voor 4 personen

900 g varkensribbetjes

5 ml / 1 theelepel geraspte kaas

5 ml / 1 theelepel maïsmeel (maïszetmeel)

45 ml / 3 eetlepels rijstwijn of droge sherry

zout

frituur olie

15 ml / 1 eetlepel water

2,5 ml / ½ theelepel suiker

15 ml / 1 eetlepel tomatenpuree (pasta)

2,5 ml / ½ theelepel chilisaus

geraspte schil van 1 sinaasappel

1 sinaasappel, in plakjes gesneden

Snijd de ribben in stukjes en meng met de kaas, maïzena, 5 ml/1 theelepel wijn of sherry en een snufje zout. Laat 30 minuten marineren. Verhit de olie en bak de ribben in ongeveer 3 minuten goudbruin. Verhit 15 ml/1 el olie in een wok, voeg het resterende water, de suiker, de tomatenpuree, de chilisaus, de sinaasappelschil en de wijn of sherry toe en roer op laag vuur gedurende 2 minuten. Voeg het varkensvlees toe en roer tot het goed bedekt is. Doe over in een warme serveerschaal en serveer gegarneerd met sinaasappelschijfjes.

Ananas Ribben

Voor 4 personen

900 g varkensribbetjes

600 ml / 1 pt / 2½ kopjes water

30 ml / 2 eetlepels arachideolie

2 teentjes knoflook, fijngehakt

200 g ananasstukjes uit blik op vruchtensap

120 ml kippenbouillon

60 ml / 4 eetlepels wijnazijn

50 g / 2 oz / ¼ kopje bruine suiker

15 ml / 1 eetlepel sojasaus

15 ml / 1 eetlepel maïsmeel (maïszetmeel)

3 lente-uitjes (lente-uitjes), gehakt

Doe het varkensvlees en het water in een pan, breng aan de kook, dek af en laat 20 minuten koken. Goed laten uitlekken.

Verhit de olie en bak de knoflook lichtbruin. Voeg de ribben toe en roerbak tot ze goed bedekt zijn met olie. Giet de ananasstukjes af en doe 120 ml sap in de pan met de bouillon, wijnazijn, suiker en sojasaus. Breng aan de kook, dek af en laat 10 minuten sudderen. Voeg de uitgelekte ananas toe. Meng de maïsmeel met een beetje water, roer het door de saus en laat al roerend sudderen tot de saus lichter en dikker wordt. Serveer bestrooid met lente-uitjes.

Krokante Garnalenribben

Voor 4 personen

900 g varkensribbetjes

450 g gepelde garnalen

5 ml / 1 theelepel suiker

zout en versgemalen peper

30 ml / 2 eetlepels gewone bloem (universeel)

1 ei, lichtgeklopt

100 g paneermeel

frituur olie

Snijd de ribben in stukjes van 5 cm/2 cm, verwijder wat vlees en hak het fijn met de garnalen, suiker, zout en peper. Roer de bloem en voldoende eieren erdoor om het mengsel plakkerig te maken. Verpletter de stukken rib en bestrooi ze met paneermeel. Verhit de olie en bak de ribben tot ze drijven. Laat goed uitlekken en serveer warm.

Ribben in rijstwijn

Voor 4 personen

900 g varkensribbetjes
450 ml / ¾ pt / 2 kopjes water
60 ml / 4 eetlepels sojasaus
5 ml / 1 theelepel zout
30 ml / 2 eetlepels rijstwijn
5 ml / 1 theelepel suiker

Snijd de ribben in stukjes van 2,5 cm, doe ze in een pan met het water, de sojasaus en het zout, breng aan de kook, dek af en laat 1 uur sudderen. Goed laten uitlekken. Verhit een pan en voeg de ribben, rijstwijn en suiker toe. Roerbak op hoog vuur tot de vloeistof verdampt.

Varkensribbetjes met sesamzaadjes

Voor 4 personen

900 g varkensribbetjes

1 ei

30 ml / 2 eetlepels gewone bloem (universeel)

5 ml / 1 theelepel aardappelmeel

45 ml / 3 eetlepels water

frituur olie

30 ml / 2 eetlepels arachideolie

30 ml / 2 eetlepels tomatenketchup (ketchup)

30 ml / 2 eetlepels bruine suiker

10 ml / 2 theelepels wijnazijn

45 ml / 3 eetlepels sesamzaadjes

4 blaadjes sla

Snijd de ribben in stukken van 10/4 cm en doe ze in een kom. Meng het ei met de bloem, aardappelmeel en water, voeg de ribben toe en laat 4 uur rusten.

Verhit de olie en bak de ribben goudbruin, verwijder ze en laat ze uitlekken. Verhit de olie en bak de ketchup, bruine suiker en wijnazijn een paar minuten. Voeg de ribben toe en roerbak tot ze volledig bedekt zijn. Bestrooi met sesamzaadjes en roerbak

1 minuut. Schik de slablaadjes op een warme serveerschaal, garneer met de ribben en serveer.

Zoetzure ribben

Voor 4 personen

900 g varkensribbetjes

600 ml / 1 pt / 2½ kopjes water

30 ml / 2 eetlepels arachideolie

2 teentjes knoflook, geperst

5 ml / 1 theelepel zout

100 g bruine suiker

75 ml / 5 eetlepels kippenbouillon

60 ml / 4 eetlepels wijnazijn

100 g ananasstukjes uit blik op siroop

15 ml / 1 eetlepel tomatenpuree (pasta)

15 ml / 1 eetlepel sojasaus

15 ml / 1 eetlepel maïsmeel (maïszetmeel)

30 ml / 2 eetlepels gedroogde kokosnoot

Doe het varkensvlees en het water in een pan, breng aan de kook, dek af en laat 20 minuten koken. Goed laten uitlekken.

Verhit de olie en bak de ribben met de knoflook en het zout goudbruin. Voeg de suiker, de bouillon en de wijnazijn toe en breng aan de kook. Giet de ananas af en voeg 30 ml/2 eetlepels siroop toe aan de pan met de tomatenpuree, sojasaus en maïsmeel. Meng goed en laat al roerend sudderen tot de saus lichter en dikker wordt. Voeg de ananas toe, laat 3 minuten sudderen en serveer bestrooid met kokos.

Gebakken Ribben

Voor 4 personen

900 g varkensribbetjes

1 ei, losgeklopt

5 ml / 1 theelepel sojasaus

5 ml / 1 theelepel zout

10 ml / 2 theelepels maïsmeel (maïszetmeel)

10 ml / 2 theelepels suiker

60 ml / 4 eetlepels arachideolie

250 ml / 8 fl oz / 1 kopje wijnazijn

250 ml / 8 fl oz / 1 kopje water

250 ml / 8 fl oz / 1 kopje rijstwijn of droge sherry

Doe de ribben in een kom. Meng het ei met de sojasaus, het zout, de helft van het maïzena en de helft van de suiker, voeg toe aan de ribben en meng goed. Verhit de olie en bak de ribben goudbruin. Voeg de overige ingrediënten toe, breng aan de kook en laat sudderen tot de vloeistof bijna is verdampt.

Ribben Met Tomaat

Voor 4 personen

900 g varkensribbetjes

75 ml / 5 eetlepels sojasaus

30 ml / 2 eetlepels rijstwijn of droge sherry

2 losgeklopte eieren

45 ml / 3 eetlepels maïsmeel (maïszetmeel)

frituur olie

45 ml / 3 eetlepels arachideolie

1 ui, in dunne plakjes gesneden

250 ml / 8 fl oz / 1 kop kippenbouillon

60 ml / 4 eetlepels tomatenketchup (ketchup)

10 ml / 2 theelepels bruine suiker

Snijd de ribben in stukken van 2,5 cm/1 inch. Meng met 60 ml / 4 eetlepels sojasaus en de wijn of sherry en laat 1 uur marineren, af en toe roeren. Giet af en gooi de marinade weg. Haal de ribben door het ei en vervolgens door het maïsmeel. Verhit de olie en bak de ribben, een paar tegelijk, goudbruin. Goed laten uitlekken. Verhit de arachideolie (pindaolie) en bak de ui glazig. Voeg de bouillon, de resterende sojasaus, de ketchup en de bruine suiker toe en laat al roerend 1 minuut sudderen. Voeg de ribben toe en laat 10 minuten sudderen.

Geroosterd varkensvlees op de barbecue

Voor 4-6 personen

1,25 kg varkensschouder zonder been
2 teentjes knoflook, geperst
2 lente-uitjes (lente-uitjes), gehakt
250 ml sojasaus
120 ml / 4 fl oz / ½ kopje rijstwijn of droge sherry
100 g bruine suiker
5 ml / 1 theelepel zout

Doe het varkensvlees in een kom. Meng de overige ingrediënten, giet het over het varkensvlees, dek af en laat 3 uur marineren. Doe het varkensvlees en de marinade in een braadslede en rooster het in een voorverwarmde oven op 200°C/400°F/gasstand 6 gedurende 10 minuten. Verlaag de temperatuur tot 160°C/325°F/gasstand 3 gedurende 1½ uur tot het varkensvlees gaar is.

Koud varkensvlees met mosterd

Voor 4 personen

1 kg varkensgebraad zonder been

250 ml sojasaus

120 ml / 4 fl oz / ½ kopje rijstwijn of droge sherry

100 g bruine suiker

3 lente-uitjes (lente-uitjes), gehakt

5 ml / 1 theelepel zout

30 ml / 2 eetlepels mosterdpoeder

Doe het varkensvlees in een kom. Meng alle overige ingrediënten behalve de mosterd en giet het over het varkensvlees. Laat minimaal 2 uur marineren en bedruip regelmatig. Bekleed een bakplaat met folie en plaats het varkensvlees op een rooster in de bakplaat. Bak in een voorverwarmde oven op 200°C/400°F/gasstand 6 gedurende 10 minuten, verlaag vervolgens de temperatuur tot 160°C/325°F/gasstand 3 gedurende nog eens 1½ uur tot het varkensvlees gaar is. Laat afkoelen en zet vervolgens in de koelkast. Snijd heel dun. Meng het mosterdpoeder met voldoende water tot een romige pasta die bij het varkensvlees geserveerd kan worden.

www.ingramcontent.com/pod-product-compliance
Lightning Source LLC
Chambersburg PA
CBHW050348120526
44590CB00015B/1601